DISCOURS

JUSTIFICATIF

De Philibert-François Rouxel Blanchelande, ancien Gouverneur des îles Françoises sous-le-Vent de l'Amérique.

A V I S.

Aprè s avoir éprouvé, pour le jugement de mon affaire, le délai de deux ceffions du Tribunal Criminel, contre le texte précis des Loix, j'avois enfin acquis la certitude qu'on prononceroit définitivement fur mon fort, le Vendredi 15 Mars. C'eft du fond des prifons de l'Abbaye, que je lis dans le Journal (du 12 Mars) que la Convention vient d'ordonner la formation d'un nouveau Tribunal, pour connoître, non-feulement des délits anti-révolutionnaires qui pourroient être commis après fon établiffement, mais auquel on doit renvoyer toutes les procédures non encore jugées. J'ignore fi ce Décret éloignera de nouveau la décifion de mon affaire, s'il peut ou doit la comprendre. Mais comme ce Difcours renferme ma juftification, & que je fuis incertain fi je le prononcerai Vendredi, comme je m'en étois flatté, je me détermine à le rendre public. Il ne m'eft pas poffible de différer davantage à mettre fous les yeux de mes compatriotes le tableau de ma conduite.

DISCOURS

JUSTIFICATIF

De Philibert-François Rouxel Blanchelande, ancien Gouverneur des îles
Françoises sous-le-Vent de l'Amérique ;

*Prononcé par lui, devant le Tribunal Criminel
du Département de Paris, le 15 Mars
1793, au moment d'être jugé sur les diverses
accusations qui lui sont faites dans le Décret
d'accusation rendu par la Convention Nationale, le 30 Novembre 1792.*

Magistrats du Peuple,
& vous mes Compatriotes,

Je vais vous tracer l'esquisse de la situation
politique de Saint-Domingue, & de ma conduite
pendant l'administration qui m'en a été confiée.

J'ai régi deux ans cette Colonie au milieu des
troubles & des discordes civils. J'ai réuni &
employé tous mes moyens pour opérer le bien,
& empêcher la plupart des maux qui menaçoient
cette malheureuse contrée.

J'y ai trouvé deux factions qui la déchiroient,
& se servoient tour à tour des divers avantages
qu'elles obtenoient pour s'accabler. Des blancs

A

s'oppofoient avec autant d'opiniâtreté que d'in-
juſtice au progrès naturel de la révolution Françoiſe, touchant les hommes de couleurs libres ;
ils ne vouloient pas reconnoître en eux le droit
de prendre part à l'élection des Aſſemblées deſtinées à repréſenter l'univerſalité des Citoyens.
Cependant la raiſon leur diſoit que la repréſentation de la Colonie devoit être formée par tous
les Citoyens libres qui l'habitent, & que tous,
de quelque couleur qu'ils fuſſent, devoient par
conſéquent prendre part à la formation des
Aſſemblées deſtinées à exercer pour eux leurs
droits d'initiative. Sous l'ancien régime même
un Edit de 1685 avoit donné aux Affranchis tous
les droits dont jouiſſoient *alors* les autres Citoyens. Il leur ſembloit donc qu'ils devoient
jouir, en même tems que les blancs, des nouveaux droits dans leſquels la révolution de la
France faiſoit rentrer les uns & les autres. Cette
queſtion toutefois préſentoit pluſieurs difficultés.
Un ſimple Affranchi dont le pere ou la mere,
ou tous les deux, étoient encore Eſclaves, devoit-il jouir de la plénitude des droits politiques,
ou devoit-il être reſtraint dans l'exercice des ſeuls
droits civils qu'il tenoit de ſon affranchiſſement ?
mais au lieu de diſcuter paiſiblement ces diverſes
queſtions, de mettre de côté des préjugés mal
fondés, de la réſoudre au plus grand avantage
de tous, en cédant, comme il le falloit, au progrès rapide des lumières & de l'eſprit public,
ces Blancs ne s'occuperent que des moyens d'y
apporter la plus grande réſiſtance.

De leur côté des hommes de couleur s'étoient
illégalement armés pour obtenir par la violence
ce que les Loix balançoient à leur accorder ; ils

furent même foupçonnés d'avoir foulevé des atteliers pour parvenir plus vîte à leur but. C'étoit
défendre la plus belle & la meilleure des caufes
par les moyens les plus illicites & les plus défaf-
treux.

Déjà les Citoyens armés avoient marché les
uns contre les autres ; des armées avoient été
levées ; DÉJA LE SANG AVOIT COULÉ.... L'anarchie
étoit à fon comble.

C'eft dans ces circonftances que, plein d'amour
pour ma Patrie , fort de la pureté de mes intentions, & confultant plutôt mon zèle & mon
ardent defir de faire le bien que les talens néceffaires pour l'opérer , je pris les rênes de ce gouvernement.

Je marchai fur les traces de Peynier mon pré-
déceffeur : fa conduite lui avoit mérité de l'Affemblée nationale des témoignages éclatans de
fatisfaction ; & pour les rendre à jamais mémo-
rables , elle les configna dans fon Décret du 12
Octobre 1790. On y lit que *ce Gouverneur-général
a rempli glorieufement les devoirs attachés à fes
fonctions.*

Je me fuis acquitté des miens avec la plus fcru-
puleufe exactitude. Dans mes démarches comme
dans tous mes écrits , je n'ai jamais perdu de vue
cette exhortation à-la-fois touchante & fublime
des Repréfentans de la France aux bons Citoyens
de Saint-Domingue (1).

« L'Affemblée nationale ne connoît point le
» langage & les détours d'une politique artifi-
» cieufe : elle ignore, elle méprife fur-tout les

---

(1) Voyez les Inftructions annexées au Décret du 28
Mars 1790.

» moyens de captiver les peuples autrement que
» par la juſtice. Attachement réciproque, avan-
» tages communs, inaltérable fidélité : voilà,
» Peuple des Colonies, ce qu'elle vous promet
» & ce qu'elle vous demande. La Nation Fran-
» çoiſe éprouve depuis long-tems ce qu'on peut
» attendre de vous ; nous ne vous demandons
» point d'autres ſentimens ; nous comptons ſur
» eux avec certitude, & nous voulons qu'ils
» ſoient chaque jour mieux mérités & plus juſ-
» tifiés de notre part. Nous vous recomman-
» dons en ce moment une tranquillité profonde,
» une grande union entre vous, une grande célé-
» rité dans les travaux qui doivent préparer
» votre nouvelle exiſtence. Ces conſeils ſont
» eſſentiels à votre bonheur ; ils le ſont à votre
» ſûreté. Ne donnez point autour de vous l'exem-
» ple d'une diviſion, d'une fermentation conta-
» gieuſe. Vous avez plus que d'autres beſoin de
» paix, & vous n'avez plus beſoin de vous
» agiter pour conquérir ce que l'Aſſemblée Na-
» tionale a réſolu de vous propoſer dès le
» premier moment où vous avez été l'objet de
» ſes délibérations ».

Cependant le préjugé ſi funeſte à cette Iſle,
que des hommes blancs conſerverent contre des
hommes d'une autre couleur que la leur, &,
dans l'origine, la priſe d'armes, les démarches
illicites & les demandes prématurées de ceux-ci,
amenerent, au mois d'Août 1791, la révolte
des eſclaves, qui, après avoir été les inſtrumens
de l'un & de l'autre parti, finirent par réclamer
pour eux-mêmes la liberté & l'égalité des droits
politiques, ſoit qu'ils deſiraſſent véritablement
en faire la conquête, ſoit que leurs chefs &

ceux qui les faifoient mouvoir, les euffent portés à élever cette prétention, pour jetter le coloris d'une infurrection légitime & d'une réfiftance naturelle à l'oppreffion fur les pillages, les incendies & les meurtres barbares auxquels ils fe porterent.

C'eft ainfi que ces blancs, dont l'opinion n'étoit pas favorable aux hommes de couleur; ces Citoyens de couleur, qui vouloient obtenir par l'infurrection les droits dont la révolution ne leur avoit encore permis que de concevoir l'efpérance de les obtenir, quoique divifés entr'eux, s'accordoient néanmoins pour renverfer le Gouvernement. Pour y parvenir, ils attaquèrent fucceffivement les divers Chefs civils & militaires, occupés de l'exécution littérale & paifible des Décrets nationaux, comme le feul moyen raifonnable & licite de fauver la Colonie.

Chaque faction confervoit l'efpérance de fubftituer aux Agens de l'autorité métropolitaine les hommes de fon parti, les plus capables d'affurer le fuccès de fes entreprifes. Elles eurent foin de les couvrir du voile révolutionnaire. A les entendre, ces blancs vouloient le maintien des Loix exiftantes, tandis qu'ils ne s'occupoient que de conferver l'ancien régime en ce qu'il pouvoit avoir de défavorable aux hommes de couleur ; ceux-ci vouloient jouir à l'avance des Loix qu'ils réclamoient avec juftice, mais qu'ils auroient dû fe borner à folliciter, en employant des moyens honnêtes & permis ; & les efclaves, mis en mouvement par les uns & par les autres, quitterent leurs atteliers, s'armerent en 1791 ; & las, à la fin, de fe battre pour des intérêts qui n'étoient pas les leurs, finirent par déclarer qu'ils vouloient aussi conquérir leur liberté. Les Agens du Pouvoir exécutif ne cherchoient qu'à modérer la chaleur de ces différens partis, & à les retenir dans les bornes des Décrets.

Tel fut l'esprit qui se développa successivement dans les deux tenues d'assemblées générales des trois Provinces de cette Colonie.

La premiere qui ait eu lieu depuis la Révolution, nommée dans le Décret qui la proscrit, & annulle ses actes, *Assemblée de Saint - Marc*, fournit le spectacle de 85 de ses membres arrêtés dans leurs entreprises par le Pouvoir exécutif, s'emparant du vaisseau *le Léopard*, pour se rendre en France, où ils ont été retenus long - tems, à la suite de l'Assemblée Constituante & *jugés par elle*. Cette assemblée factieuse se signala dès son origine par sa haine contre l'ordre public & les agens chargés de le maintenir; de-là son opposition constante aux démarches du Pouvoir exécutif; de-là la fabrication & l'émission d'un faux Décret, qui révoquoit celui dans lequel l'Assemblée Nationale avoit comblé de ses justes éloges Peynier, mon prédécesseur au gouvernement de Saint-Domingue, le régiment du Port-au-Prince & tous ceux qui s'étoient élevés contre l'Assemblée de Saint-Marc, dans le dessein d'annuller, par cet infâme moyen, la Loi qui prononçoit la dissolution de cette Assemblée, tellement monstrueuse, que les Législateurs de la France ont supposé dans le Décret rendu pour la dissoudre, qu'elle devoit déjà l'être, *si fait n'a été*, porte cette Loi; de-là l'assassinat du Colonel Mauduit, & mon départ du Port-au-Prince pour le Cap, ou je transportai le siége du gouvernement ; un crime de plus n'eût rien côûté. Si je n'eusse pris

ce parti, j'aurois été facrifié, & la Colonie toute
entiere, fe trouvant alors foumife aux chefs des
factieux, n'eût confervé de fes rapports avec la
France que ceux que fes befoins & une politique
infidieufe ne lui auroient pas permis d'éloigner
tout-à-coup ; de-là les chocs violens entre les
citoyens de Couleur libres & les Blancs, entre
les Efclaves & la majorité des citoyens Blancs ;
de - là les projets de fciffion, d'indépendance,
& les vœux fortement prononcés de livrer nos
Colonies à l'Angleterre.

Dans les Mémoires auxquels je travaille pour
juftifier dans tous fes points mon adminiftration à
Saint-Domingue, je ferai connoître les obftacles
qu'on m'a élevés lorfqu'au moment de la révolte
des Efclaves, je voulus inftruire la France des
malheurs de cette Colonie. Les lenteurs & les
retards que l'Affemblée Coloniale a mis à remplir ce premier de tous fes devoirs, la réfiftance
qu'elle oppofa à mes preffantes follicitations, &
la fcélérité qu'elle mit au contraire à en informer
la Jamaïque (Colonie Angloife). En effet, deux
jours s'étoient à peine écoulés qu'un avifo étoit
déjà parti pour cette ifle, tandis qu'elle paffa
vingt-quatre jours à décider qu'elle en expédie-
roit un pour la France. Un fait de cette nature,
quand il eft conftant, n'a pas befoin qu'on l'ac-
compagne de fes réflexions ; feul, il les fait naître
toutes.

L'Affemblée Nationale s'imagina, mais en vain.
avoir coupé le mal dans fa racine, en brifant tous
les Actes de la premiere Affemblée Coloniale, dite
de Saint-Marc. Celle qui lui a fuccédé, maîtrifée
par les mêmes factieux, a toujours marché fur
fes traces, d'abord d'une maniere incertaine &

timide ; mais avec affurance & à découvert, depuis le retour dans la Colonie des 85 Léopar-
dins, membres de la premiere Affemblée (1). Auffi,
depuis le difcours d'ouverture de l'Affemblée de
Saint-Marc, jufqu'au procès-verbal de clôture
de la feconde Affemblée Coloniale, on voit régner
le même efprit, les mêmes prétentions ; c'eft ainfi
que les actes de l'une & de l'autre Affemblée,
leurs démarches en apparence les plus contra-
dictoires, leurs arrêtés les plus oppofés trouvent
une explication sûre & facile ; de-là cette foule
innombrable de dénonciations fans motifs, mais
non pas fans objet, de lettres anonymes, de rela-
tions menfongeres, de libelles affreux colportés
dans les lieux publics, & de perfécutions exercées
par l'Affemblée Coloniale contre les dépofitaires
de l'autorité légitime dans la Colonie, & contre
tous ceux qui s'y firent remarquer par leur mo-
dération & leur foumiffion aux loix. Toutes ces
chofes ne permettent pas de douter du plan conçu
& très-exactement fuivi contre la fouveraineté
de la France fur fes Colonies ; & dans ce plan
devoit néceffairement entrer les dénonciations
des factieux contre moi.

C'eft en vain que j'ai cédé à tout ce qui m'a été
demandé de jufte & de raifonnable, fans jamais
favorifer aucun parti. Ce n'eft point là ce qu'on
vouloit : mon feul crime aux yeux de mes ennemis, ou plutôt des factieux, fous le poids def-
quels j'ai enfin fuccombé, puifqu'ils font par-

---

(1) Plufieurs des quatre-vingt-cinq furent réélus à la
feconde Affemblée, regardés comme martyrs de leur patriotifme, & obtinrent d'elle un Arrêté, portant que l'emprunt
de plus de 500,000 livres qu'ils avoient fait à Dunkerque
feroit fupporté par la Colonie.

vénus à me faire charger des fers deſtinés aux coupables, c'eſt d'avoir été Gouverneur de Saint-Domingue, & obligé par les loix de l'honneur de répondre à la confiance de ma nation, en m'oppoſant aux projets de fciſſion & d'indépendance qui rempliſſoient leurs coupables vœux, mais dont l'exécution étoit impoſſible, tant qu'ils ne ſe ſeroient pas emparés du Gouvernement.

Cette eſquiſſe de la ſituation politique de la Colonie, eſt ſuſceptible de beaucoup de développemens ; les bornes de ce diſcours ne me permettent pas de les donner, mais on les trouvera, ainſi que leurs preuves, auſſi multipliées qu'évidentes, dans les rapports faits à la Convention Nationale par ſes Commiſſaires, Mirbeck, Saint-Léger & Roume, & tout récemment dans les Mémoires publiés par les Militaires déportés de Saint - Domingue, à l'inſtigation de ces mêmes factieux, & qui, à leur arrivée en France, ont été traînés de cachots en cachots, détenus comme moi à l'Abbaye, mais auxquels cependant la Convention nationale, mieux éclairée qu'elle ne l'a été lorſqu'on l'a fait prononcer ſur mon compte, a rendu une éclatante juſtice par ſon Décret du 4 Février dernier, quoique ces chefs Militaires lui fuſſent dénoncés comme coupables des mêmes délits que moi, & par les mêmes Commiſſaires, au rapport deſquels je ſuis maintenant en état d'accuſation.

En 1792, j'ai été attaqué deux fois. Au mois de Mars, on tenta de m'aſſaſſiner. Au mois de Septembre, on réuſſit à porter les Commiſſaires à me faire ſubir l'interrogatoire ſur lequel repoſe l'accuſation qui m'amene au Tribunal des

Magiſtrats du peuple, & me procure la conſolation de juſtifier ma conduite aux yeux de mes compatriotes.

Dans les procès - verbaux de l'inſurreƈtion arrivée au Cap, la nuit du 26 au 27 Mars 1792, on voit les deſſeins des faƈtieux au moment d'être accomplis, & les dangers imminens que j'ai courus. Ce ſoulevement n'étoit pas ſeulement dirigé contre moi ; car à cette même époque, dans d'autres lieux, & à un grand éloignement les uns des autres, il ſe paſſa d'autres événemens dont l'objet étoit le même. Au Port-au-Prince on força le Commandant & tous les Officiers de la garniſon à fuir cette ville ; aux Cayes Douence fut obligé d'en abandonner le commandement; nulle part on ne vouloit dépendre d'aucun pouvoir ſubordonné à ceux de la Métropole.

Les Commiſſaires nationaux eux-mêmes, prêts d'être aſſaſſinés, trouverent leur ſalut dans la fuite ; ils s'embarquerent précipitamment, & revinrent en France. « Je fus, dit Mirbeck, » (dans ſon rapport à l'Aſſemblé légiſlative) » au moment d'être aſſaſſiné, ainſi que le Gé‐ » néral (c'eſt de moi dont il parle), & M. Cam‐ » befort, Colonel du Régiment du Cap : le ſignal » étoit donné : nous dûmes notre ſalut à la » préſence d'eſprit des Aides - de - camp, & à » la contenance ferme des braves militaires qui » ſe rangerent devant l'Hôtel du Général. Le » lendemain lundi, à la ſuite d'une orgie pré‐ » parée à deſſein, la même troupe ſe porta » chez le Général, & le força de ſe rendre avec » elle à la Municipalité, pour y répondre aux » accuſations intentées contre lui. Il ſe tranf‐ » porta avec le cortege aſſaſſin à l'Aſſemblée

» Coloniale, & y fubit, jufqu'à deux heures
» du matin, toutes les humiliations, les horreurs
» & les angoiffes qu'il eft poffible d'imaginer.
» La nuit fut très-orageufe. La guerre civile
» étoit allumée, le défordre paroiffoit à fon
» comble ».

Citoyens, je n'étendrois pas davantage le récit de cette affreufe journée, fi les dénonciations que les Commiffaires fe font permis d'écouter, fans examen, & peu de jours après leur débarquement, n'étoient abfolument femblables à celles qui, quelques mois auparavant, furent jugées n'être que d'atroces calomnies, dans une affemblée populaire & repréfentative, puifqu'elle étoit compofée de la réunion totale de la Municipalité du Cap, & des Affemblées Coloniale & Provinciale.

Cette comparaifon me paroiffant néceffaire à ma défenfe, j'efpere que vous me permettrez de vous faire connoître l'extrait du procès-verbal de cet événement, dreffé par l'Affemblée Coloniale elle-même, & imprimé dans le tems au Cap François. Je l'abrégerai autant qu'il me fera poffible, mais je vous prie de porter votre attention fur fon réfultat.

J'en ai produit une expédition manufcrite, revêtue de toutes les formalités néceffaires pour la rendre authentique & légale.

Le 26 Mars 1792, un raffemblement très-nombreux fe forme & fe porte à la Municipalité, pour y former des plaintes contre moi ; en fortant de la Municipalité, il fe porte fur la place du Champ de Mars, devant mon logement.

L'Affemblée Coloniale m'envoye fix Commiffaires ; il m'accompagnent à la Maison commune.

La municipalité dreſſe un procès - verbal des réclamations qui viennent de lui être faites contre moi. Elle ſe tranſporte à l'Aſſemblée Coloniale pour les lui tranſmettre. L'Aſſemblée Provinciale s'y réunit. J'arrive à cette Aſſemblée , accompagné des ſix Commiſſaires qui s'étoient rendus chez moi , & de deux Officiers municipaux.

Je m'exprime en ces termes :

« Vous me voyez , Meſſieurs , au milieu de » vous avec la confiance que je dois aux Re-» préſentans du peuple. Je prie qu'on entende » les demandes que le peuple a à former : je » ſuis prêt à y ſatisfaire ».

On délibere. On arrête que j'énoncerai mon vœu ſur chaque chef des demandes que les citoyens avoient faites à la Municipalité : la premiere étoit mon embarquement ſubit pour France ; la ſeconde , qu'il ſe feroit dans le même bâtiment qui porteroit en France les Commiſſaires de l'Aſ-ſemblée Coloniale ; & la troiſieme que je reſ-terois dans la Maiſon commune juſqu'à mon départ , gardé par un nombre ſuffiſant de gardes nationales , pour pouvoir prévenir ou empêcher mon enlèvement.

Je prends alors la parole , & je dis :

« Si la dignité de ma place me permettoit de » me juſtifier , je le ferois ſur le champ ; mais je » ne dois compte de ma conduite qu'à la Nation : » ma conſcience eſt nette , je n'ai rien à me » reprocher ; je ſuis prêt à correſpondre au vœu » du peuple , & à partir pour France , avec le » regret ſeulement de quitter la Colonie dans » un moment auſſi périlleux , & où mon atta-

» chement pour le bien public me fait un
» devoir de refter à mes fonctions ».

Interpellé par le Préfident d'énoncer mon
vœu fur le fecond chef ; je réponds : « que le
» vœu général fera toujours ma loi ».

On alloit paffer à la queftion relative au
troifieme chef, lorfqu'un membre fe leva, &
dit, que la pétition fur laquelle on délibéroit
n'étoit que le vœu d'une partie des citoyens du
Cap, & *qu'elle n'étoit pas fignée.*

Cette motion excita de violens murmures,
un grand tumulte : enfin *les galeries* ayant manï-
fefté leur vœu, on arrêta que je ferois libre au fein
de ma famille, jufqu'au moment de mon départ.

A une heure du matin, on leve la féance ; on
en dreffe procès-verbal ; on le préfente à ma figna-
ture : mais je déclare que je ne crois pas devoir
figner.

Le lendemain, nouvelle féance : les Affemblées
coloniale & provinciale & la Municipalité font
réunies. L'on déclare informe la pétition de la
veille ; l'on me requiert de continuer l'exercice
des fonctions qui m'ont été confiées, au nom de
la Nation, & l'on me rend perfonnellement garant
& refponfable des événemens qui réfulteroient
de mon départ pour France, foit de mon propre
mouvement, foit par un fentiment qui comprc-
mettroit l'autorité de fon Repréfentant dans la
Colonie.

J'entre à l'affemblée ; & *ce jour*, les applaudif-
femens des galeries annoncent mon arrivée.

Le Préfident m'adreffe un difcours analogue à
la circonftance. En voici quelques paffages.

« Le vœu qui vous a été manifefté, n'étoit pas
» celui des Citoyens ; mais celui qui doit vous

(14)

» fixer, M. le Général, c'eſt celui des Repréſen=
» tans de la totalité du peuple, qui vous eſt
» manifeſté en ce moment. — L'Aſſemblée co-
» loniale, dans cette circonſtance, remplit ſon
» devoir ; elle eſpere que vous vous rendrez à
» ſon vœu. — Vous ne ſacrifierez point le ſort
» d'une colonie qui fixe les regards & l'intérêt
» de la France, *au juſte mécontentement* qu'un
» inſtant d'effervefcence a pu vous occaſionner.
» Ce dévouement, la Colonie l'attend de votre
» patriotiſme, M. le Général, vous en trouverez
» la récompenfe dans votre cœur & dans *la gra-*
» *titude des Repréſentans de cette iſle malheureuſe.*
» — L'Aſſemblée eſpere donc, M. le Général,
» que le ſouvenir de ce qui s'eſt paſſé, ne ſe
» préſentera plus à votre mémoire, que comme
» ayant fourni l'occaſion de renouveller entre
» elle & vous une union ſincere & durable, &
» de vous donner l'aſſurance de ſes ſentimens
» que tous les Citoyens qui l'entourent, par-
» tagent ſûrement. — Dans l'expreſſion de ceux
» que je viens de vous tranſmettre, je me trouve
» auſſi l'organe de l'Aſſemblée provinciale du
» Nord & de la Municipalité du Cap, que vous
» voyez *réunies dans le ſein de l'Aſſemblée* ».

Un Secrétaire de l'Aſſemblée provinciale du
Nord monte enſuite à la tribune, & donne lecture de l'arrêté ſuivant qu'elle avoit pris le matin
de cette même journée.

« L'Aſſemblée provinciale douloureuſement
» affectée des ſcènes qui ſe ſont paſſées hier dans
» la ſalle des ſéances de la Municipalité du Cap
» & dans les galeries de l'Aſſemblée coloniale,
» déclare nulle, inconſtitutionnelle, attentatoire
» aux autorités légitimes qui régiſſent la Colonie,

» *& contraire au vœu général* de la province du
» Nord, la pétition informe que quelques Ci-
» toyens ont fait parvenir à l'Assemblée colo-
» niale contre M. le Lieutenant au gouverne-
» ment général, dans un moment d'effervescence
» que l'excès du malheur peut seul faire pardonner
» *une premiere fois.* Elle l'invite, elle le requiert
» d'user de tous ses droits pour la conservation
» de la Colonie & le rétablissement de la paix ».

Au milieu de cette scène attendrissante, un
Député s'étant permis de m'inculper, je déclarai
que je ne pouvois tenir davantage ma place dans
l'Assemblée, étant accusé par un de ses membres
aussi publiquement ; & j'en demandai justice.

Il se fit un grand tumulte. L'Assemblé réclama
l'improbation de l'inculpation qui venoit de
m'être faite : cela fut arrêté, & le Président m'en
fit la déclaration solemnelle. C'est alors qu'au milieu des applaudissemens je prononçai ce discours :

« je vais reprendre mes fonctions ; & fidele à
» la loi, *comme ci-devant*, je me propose de la
» faire exécuter ponctuellement. J'invite l'As-
» semblée à se charger de faire rentrer les troupes
» de ligne dans le devoir ; & je lui annonce que
» je ne peux agir qu'autant que l'autorité qui
» m'est confiée, sera reconnue & respectée ».

Citoyens, si ce récit n'étoit pas appuyé de
preuves authentiques & légales, vous ne pourriez jamais croire que les mêmes factieux, membres
de l'Assemblée coloniale, après avoir aussi com-
plettement échoués au mois de Mars, sont par-
venus au mois de Septembre de la même année,
à porter cette même Assemblée coloniale à me
dénoncer aux Commissaires du Pouvoir exécutif
délégués à Saint-Domingue.

Vous ferez également affligés & furpris de voir ces Commiffaires m'interroger juridiquement fur ces mêmes lieux communs dont les factieux s'étoient fervis jufqu'alors , non - feulement contre moi , mais auffi contre la premiere commiffion nationale qu'ils avoient avilie & méconnue ; contre le Commiffaire Mirbeck qui fut forcé de fortir du Cap; le Commiffaire Saint-Léger, du Port-au-Prince ; & leur collegue Roume dont ils briferent les pouvoirs dans fes mains : enfin, vous aurez peine à contenir votre indignation en les voyant transformer en délits toutes les abfurdités , toutes les calomnies qui avoient été mifes à leur jufte valeur, quelques mois auparavant, de la maniere la plus folemnelle.

Cependant, Citoyens, voilà les faits ! & c'eft dans ces circonftances, que j'ai été mandé le 29 Septembre de la même année par les Commiffaires du Pouvoir exécutif, pour leur rendre des comptes dont l'Affemblee nationale & le ci-devant Chef du Pouvoir exécutif s'étoient exclufifément réfervés la connoiffance. J'abandonnai fans balancer les droits, les prérogatives, &, en cela, *les devoirs de ma place*; & me livrant au feul befoin de confondre mes calomniateurs, je me rendis chez eux, pour y fubir un véritable interrogatoire, qui dura fept heures : j'en fortis juftifié.

J'étois loin d'imaginer alors qu'à mon débarquement en France, j'apprendrois par mon arreftation,& celle de mon fils, que les Repréfentans de la Nation, dont je venois *librement* réclamer la juftice contre mes calomniateurs, avoient prononcé fur mon fort; & qu'un Décret d'accufation lancé contre moi, avant même d'avoir été entendu ,

tendu, me forceroit à comparoître devant un Tribunal criminel ! . . .

L’embarras de motiver un acte d’accusation, même après le Décret qui l’avoit ordonné, m’a retenu vingt-trois jours au secret.... Mais quelque injuste que soit le traitement rigoureux que j’éprouve, je suis inculpé, je vais me justifier.

Le rapprochement des diverses actions d’un homme, étant le plus sûr moyen de le bien connoître & de le juger sans prévention, il ne sera pas inutile à ma justification, de la faire précéder d’un récit succinct de ma conduite civile & militaire, depuis l’âge où j’en suis devenu comptable à mes concitoyens.

Né à Dijon en 1735, mon pere, Lieutenant-Colonel, y mourut en 1740, couvert des blessures qu’il avoit reçues pour la défense de l’Etat. Il le servit pendant plus de quarante ans. Il laissa sept enfans sans fortune, dont cinq filles. Dès ma douzieme année, j’embrassai le métier de mes peres.

Pendant le cours de mes longs services, j’ai eu diverses occasions de signaler mon zèle. Je n’ai jamais rien sollicité ; je n’ai jamais été à la Cour, dont mon peu de fortune & la marche successive & lente de mes grades m’ont toujours éloigné : je n’y eusse paru qu’un Officier général de fortune.

L’embarras seul du Ministere pour remplacer au Gouvernement de Saint-Domingue Peynier, qui, depuis six mois, sollicitoit son rappel, fit jetter les yeux sur moi. Je n’étois connu du Ministre la Luzerne que pour avoir servi sous ses ordres, & par le souvenir qu’il avoit conservé de quelques succès à la guerre.

Je puis citer quinze campagnes de guerre, &

les deux années que je viens de paſſer à Saint-Domingue, au milieu des orages de la révolution qu'éprouve cette Colonie.

J'ai commandé en chef dans trois Colonies aux Iſles-du-vent.

En 1780, j'ai défendu Saint - Vincent avec 750 hommes, contre 4000 hommes de troupes Angloiſes. C'eſt pour cette action qu'on me fit Brigadier *hors de rang*.

En 1781, je reçus le brevet de Gouverneur de Tabago, après avoir fortement contribué à enlever cette Iſle à l'Angleterre & pour reconnoître ce ſervice rendu à l'Etat.

J'ai commandé en chef à l'Iſle de la Dominique, & j'y ſuis reſté juſqu'à la paix.

Enfin au mois de Juillet 1790, je fus nommé Lieutenant au Gouvernement général de Saint-Domingue.

Dans ces différens commandemens, & dans ces lieux divers, j'ai toujours eu le bonheur de réunir le ſuffrage des Militaires, l'eſtime & la confiance des habitans.

Au commencement de la révolution, mes compatriotes de la ville de Chauſſin, chef-lieu de Canton, au Département du Jura, m'honorerent du plus touchant témoignage de leur ſouvenir & de leur confiance ; ils me nommerent Commandant des Gardes nationales. J'ai conſervé ce titre juſqu'à l'oganiſation des Municipalités. A leurs inſtances réitérées, j'ai accepté la place de Maire, dont j'ai rempli les fonctions pendant ſix mois, à la ſatisfaction publique. Lors de la réunion des Aſſemblées primaires, je fus nommé Préſident, & le premier des Electeurs de celle de Chauſſin. Un agent du deſpotiſme n'a pas de pareils actes à produire ; & cependant j'ai à me disculper des accusations calomnieuses qui ont déterminé le Décret d'accusation rendu par la Convention Nationale, tellement prévenue alors contre moi par mes ennemis, que lorsqu'il a été porté, j'étois encore sur mer ; qu'à mon arrivée à Paris, elle n'a daigné m'entendre, ni directement, ni par l'organe de ses Comités, & sans qu'on lui eût articulé aucun grief. La preuve en est consignée dans le Journal des Débats du 8 Novembre 1792.

Cet acte d'accusation a pour base ce même interrogatoire que les Commissaires m'ont fait subir à Saint-Domingue, & dont j'avois lieu de croire que j'étois sorti pleinement justifié. Non seulement ma conscience devoit me confirmer dans cette opinion, mais les Commissaires eux-mêmes m'en donnerent l'assurance, lorsque deux jours après je me rendis chez eux, en obtemperant à l'invitation qu'ils m'en firent.

Ils m'apprirent « que les conclusions du pro-» cès-verbal qu'ils venoient de dresser étoit que » je me rendisse *librement* en France, à la suite de » l'Assemblée Nationale, pour lui rendre compte » de ma conduite, un mois après mon arrivée » à Paris, & prendre ses ordres ». Ils m'ajou-terent : « qu'ils n'avoient trouvé dans la dénon-» ciation de l'Assemblée Coloniale, sur laquelle » ils m'avoient interrogés, & sur - tout d'après » mes réponses, aucun motif capable de déter-» miner à me mettre en état d'arrestation ; que » j'étois *libre de partir*, *& qu'ils me conseilloient* » *de le faire le plutôt possible* ».

Dès le 3 Octobre 1792, je m'embarquai sur la frégate *la capricieuse*, qui mit à la voile le lende-main.

Le 13 Novembre je débarquai à Rochefort. Dès cet inftant a commencé ma captivité. Les corps populaires fe font emparés de mon fils & de moi ; ils nous ont fait conduire en criminels jufqu'à Paris , où le Miniftre de l'intérieur m'a fait enfermer à l'Abbaye.

J'ai paffé vingt-trois jours au fecret ; & ce n'eft que le 10 Décembre dernier , qu'on m'a fait comparoître devant le Préfident du Tribunal criminel, pour y fubir l'interrogatoire qui , fuivant la Loi, devoit avoir lieu dans les vingt-quatre heures. Sa violation à mon égard m'a privé pendant ce long intervalle du bonheur de revoir mes parens & mes amis , de recevoir les confolations fi douces & fi néceffaires que m'ont procuré les témoignages de leur eftime & de leur douleur. Enfin elle m'a ôté les moyens de travailler plutôt à juftifier ma conduite aux yeux de mes concitoyens , & ceux qui me connoiffent favent combien j'ai dû fouffrir de ces retards.

C'eft ici le lieu d'obferver que fi mes calomniateurs de Saint-Domingue n'ont pu réuffir à me ravir ma liberté dans le lieu des délits qu'ils m'ont fuppofés , & où doivent fe trouver les actes & les témoins qui pouvoient les conftater, ce ne peut être qu'à force d'intrigues qu'on eft à la fin parvenu à furprendre la religion de la Convention nationale , en la portant à m'en priver *avant même mon débarquement en France.*

Il me paroît également néceffaire de prévenir que , loin d'avoir jamais excédé les pouvoirs ni abufé de l'autorité qui m'étoient confiés, j'ai facrifié les droits de la place que j'occupois , toutes les fois qu'il ne s'eft agi que de maintenir l'union entre les divers agens de l'autorité publique & la paix parmi les citoyens.

Un Gouverneur à Saint-Domingue étoit le repréſentant immédiat du ci-devant chef du pouvoir exécutif. Comme tel, il préſidoit les Conſeils ſupérieurs de la Colonie. Il y avoit voix délibérative. L'Intendant étoit Préſident né de ces Cours. Lorſque l'Intendant & le Gouverneur ſe réuniſſoient, cela formoit à Saint-Domingue la repréſentation du Conſeil du ci-devant Chef du Pouvoir exécutif. L'on y diſcutoit, préparoit & rédigeoit les Ordonnances, Déclarations & Réglemens de haute police, & leur exécution ſuivoit immédiatement leur enregiſtrement dans les Cours auxquelles ces actes étoient adreſſés. Il n'y avoit que la partie des finances qui fût ſous l'adminiſtration directe & ſéparée de l'Intendant. Le Gouverneur étoit chargé d'une ſurveillance générale, qui le mettoit dans le cas de donner des ordres au civil comme au militaire. Enfin, il ne devoit compte de ſes opérations qu'au ci-devant Chef du pouvoir exécutif, par l'organe du Miniſtre de la Marine.

Les loix nouvelles ont plutôt étendu que reſtraint ſes fonctions ; par les Décrets, l'exécution proviſoire des loix & autres actes de l'autorité publique, doit immédiatement ſuivre la ſanction du Gouverneur ; il n'eſt plus queſtion de leur enregiſtrement dans les Tribunaux comme d'un obſtacle capable de l'arrêter, mais le droit de les approuver définitivement eſt réſervé à la Légiſlature françoiſe & au ci-devant Chef du pouvoir exécutif. La ſanction du Gouverneur ne reçoit d'exception qu'à l'égard des loix qui toucheroient aux rapports extérieurs entre la Métropole & ſes Colonies, celles-ci ne peuvent

recevoir d'exécution, même proviſoire, avant
d'avoir été conſacrées par la volonté nationale.

On lit dans le Décret du 28 Mars 1790, que
les fonctions attribuées au ci-devant Roi, ſeront
proviſoirement exercées dans la Colonie, par un
Gouverneur qui le repréſentera.

Qu'en conſéquence, le choix & l'inſtallation
des Officiers qui ſont à ſa nomination, l'approbation néceſſaire à l'exécution des arrêtés des
aſſemblées adminiſtratives, & les autres actes qui
exigent célérité, doivent être proviſoirement attribués à ce Gouverneur, ſous la réſerve poſitive
de l'approbation du ci-devant Roi.

Que dans les Colonies, comme en France, il
eſt le dépoſitaire ſuprême du pouvoir exécutif;
que tous les Officiers de police, d'adminiſtration,
les forces militaires, doivent le reconnoître pour
leur chef, & que *tous les pouvoirs attribués à la
Royauté dans la Conſtitution françoiſe, ne peuvent
être exercés proviſoirement que par ceux qu'il en a
chargés*, & définitivement que par lui.

Je n'entends point ici faire l'éloge, je ne veux
pas non plus critiquer ni l'ancien ni le nouvel
ordre de choſes. J'ai dû les faire connoître pour
qu'on ſût que dans l'un, comme dans l'autre,
je n'étois pas ſeulement chargé de ſimples fonctions *d'exécution ſervile*, & d'autant plus qu'il
n'exiſte pas même encore aujourd'hui de loix qui
modifient ni reſtraignent les pouvoirs & les
fonctions des Gouverneurs, & qu'ils ſont à l'é-
gard du pouvoir exécutif de la République, dans
la même poſition où ils étoient placés vis-à-vis
du pouvoir royal.

Qu'on veuille bien ſe reporter à l'époque de

mon adminiſtration , & l'on concevra ſans peine quel dût être mon embarras ! Combien j'eus d'obſtacles à vaincre pour éviter les plus grands maux , & de difficultés à ſurmonter pour opérer le peu de bien que j'ai fait ! Chaque jour annon-çoit de nouveaux orages , & préſageoit le plus ſiniſtre avenir. Les événemens ſe preſſoient , leurs cauſes ſe multiplioient. J'obſervois tout. Chaque jour je traçois le récit de ma conduite ; je ſaiſiſ-fois toutes les occaſions d'en mettre le tableau ſous les yeux du Miniſtre. Je ſollicitai des ordres & des inſtructions capables d'aſſurer la marche de mes opérations, je ne reçus aucune réponſe : l'on ſembloit m'avoir abandonné à moi-même.

L'Aſſemblée conſtituante , quoique preſſée de traiter la queſtion ſur l'état politique des hommes de couleur , ne voulut rien prononcer de poſitif. Ce n'eſt que le 4 Avril 1792 , qu'une loi ſage , juſte & néceſſaire a reſtitué enfin ces citoyens dans leurs droits, ſans diſtinguer les affranchis perſonnellement , des hommes nés de peres & de meres libres. Mais dans quelle incertitude les Re-préſentans de la France n'ont-ils pas été , & ne nous ont-ils pas tenus ſur ce ſujet dans la Co-lonie? Cette importante queſtion n'avoit pas un ſeul inſtant ceſſé d'agiter les eſprits depuis la convocation des Etats-Généraux, & ce ne fut que le 15 Mai 1791 , que l'Aſſemblée nationale l'aborda. Elle accorda alors l'exercice des droits politiques aux hommes de diverſes couleurs, mais dans le cas ſeulement où ils ſeroient iſſus de peres & de meres libres , & jamais ce Décret n'eſt arrivé officiellement dans la Colonie. Lorſque la nouvelle en parvint, la fermentation devint extrême ; Aſſemblées provinciales , Municipalités , Gardes nationales , tout ce qui à Saint-Domingue formoit ou repréſentoit le peuple , s'indigna , & j'eus lieu de craindre que les hommes de couleur du Cap qui étoient au nombre de douze cens , ne fuſſent égorgés. La ſituation de la Colonie, à cette époque, étoit épouventable. Je portai des paroles de paix ; elles eurent l'effet que je m'en étois promis ; *le peuple de Saint-Domingue ſe borna à des repréſentations ;* je lui accordai le tems de les faire ; je les tranſmis à la France ; & l'Aſſemblée conſtituante , flottant alors dans la même incertitude où elle avoit été plongée juſqu'au 15 Mai 1791 (1), rendit le 24 Septembre de la même année, un Décret qui détruiſit en quelque ſorte le premier , puiſqu'il fut officiellement envoyé dans nos Colonies , tandis que l'autre ne l'a jamais été, & que loin d'accorder aux hommes de couleur les droits politiques, il remettoit aux Aſſemblées colo-

---

(1) L'article 4 des inſtructions annexées au Décret du 28 Mars 1790, porte que « toutes les perſonnes âgées de » 25 ans, propriétaires ou domiciliées, jouiront du droit de » ſuffrage qui conſtitue la qualité de citoyen actif. »

Quoi de plus obſcur que ces expreſſions pour nos Colonies ! les hommes de couleur les interprêterent en leur faveur ; ſelon eux, il leur ſuffiſoit d'établir leur âge , leurs propriétés & leur domicile ; ſelon les blancs, il eût fallu que cet article eût parlé ſpécialement des hommes de couleur *libres ;* qu'il eût décidé s'il ſuffiſoit d'être affranchi, ou s'il étoit néceſſaire d'être né de peres & de meres libres. Et je dois dire ici que l'Aſſemblée nationale a fait attention à ces objections, car elle a ſuppoſé dans ſon Décret du 15 Mai 1791, que celui du 28 Mars 1790, avoit rangé tout homme *libre* dans la claſſe des citoyens actifs, tandis que, vérification faite ſur le texte , ce mot *libre* n'a véritablement pas été employé.

niales exiſtantes & à celles qui leur ſuccéde-
roient, à prononcer ſur cette queſtion, « ſans
» qu'aucun Décret antérieur, dit cette loi,
» puiſſe porter obſtacle au plein exercice du
» droit conféré par le préſent aux Aſſemblées
» coloniales. »

Ce Décret du 24 Septembre 1791, fut à ſon
tour annullé par celui du 4 Avril 1792, dont je
viens de parler. Non-ſeulement il rétabliſſoit celui
du 15 Mai 1791, révoqué de fait par l'envoi
officiel de celui du mois de Septembre, & même
de droit, puiſque l'Aſſemblée nationale crut néceſſaire de s'expliquer de nouveau, quoique
celui du 15 Mai l'eût déja fait ſur l'état des
citoyens de couleur & nègres libres. Mais il fut
au-delà de celui du 15 Mai, puiſqu'il conſacre
les droits politiques des hommes de couleur ſans
exception d'aucuns d'eux, tandis que le premier ne les avoit reconnus qu'aux hommes libres,
& nés de peres & meres libres.

Ainſi ce n'eſt qu'au mois de Mai 1791, que
l'Aſſemblée nationale reconnoît & conſacre les
droits politiques *d'une portion* des hommes de couleur.

Au mois de Septembre ſuivant, elle confere
aux Aſſemblées coloniales le droit d'agiter *cette
même queſtion* & de la réſoudre définitivement,
ce qui entraîne néceſſairement la révocation du
premier Décret.

Et par celui du 4 Avril 1792, revenant contre
celui du mois de Septembre, elle déclare que les
hommes de couleur & nègres libres, ſans aucune
reſtriction, doivent jouir, ainſi que les colons
blancs, de l'égalité des droits politiques.

Voilà dans quelle incertitude les loix m'avoient
placé.

Parmi les moyens reftés à ma difpofition , je fis choix de ceux qui ne pouvoient bleffer les opinions que je favois régner en France. Je cherchai avec le même foin à ne pas compromettre les intérêts locaux qui m'avoient été fpécialement confiés.

Tel eft le plan de conduite que je me fuis tracé. Celle que j'ai tenue en approche autant que les circonftances me l'ont permis , & elle a obtenu dans le tems l'approbation des Miniftres.

Qu'on life ma correfpondance avec eux, on y verra que je n'ai jamais négligé de les informer franchement & loyalement de tout ce qui s'eft paffé ; d'entrer dans tous les détails , de leur donner tous les éclairciffemens qui pouvoient être de quelque utilité ; on y verra que, fatisfaits de ma conduite , ils me promettoient de faire valoir les titres que j'ai acquis aux graces de l'Etat. (Ce font les expreffions dont ils fe font fervis.)

Cependant, dès le mois de Janvier 1792, reconnoiffant l'impoffibilité, pour moi, de faire le bien au gré de la Métropole & des intéreffés dans la Colonie, je demandai mon rappel. Je n'ai pas ceffé depuis de le folliciter , néanmoins ce ne fut qu'à la fin de Septembre de la même année , que Desparbès arriva pour me remplacer.

Pendant ces neuf mois, les crimes les plus atroces, des cruautés fans exemple fe font commis dans les provinces de l'Oueft & du Sud, & particulierement dans les villes du Port-au-Prince & du Môle, fans que les Corps populaires s'y foient jamais oppofés , & fans qu'il m'ait été poffible de réprimer ces affreux défordres.

J'ai maintenu fans ceffe le bon ordre dans la ville du Cap, fouvent ébranlé par les mal-intentionnés. C'eſt à la fermeté du Pouvoir exécutif, à ſa prudence, à la bonne contenance des troupes de ligne, ſur-tout du régiment du Cap & au vrai patriotiſme de certains corps de troupes nationales, que l'on doit la tranquillité dont elle a joui.

Au commencement de la révolte des Negres, je parvins, ſecondé de Cambefort, colonel du Régiment du Cap, à arrêter le maſſacre des Citoyens de couleur, dont dix-ſept venoient d'être fuſilliés & égorgés publiquement, par des Blancs, dans les rues du Cap, lorſque nous parûmes, ce Colonel & moi, à cheval, venant de viſiter des poſtes extérieurs.

J'ai fait la guerre d'après mes moyens & le mieux qu'il m'a été poſſible.

J'ai empêché les Eſclaves en révolte d'étendre leurs ravages, au moyen d'un cordon de quinze lieues de longueur, qui, vu le peu de monde que j'avois, a magiquement intercepté la communication de la Province du Nord avec celle de l'Oueſt. Cette opération a souſtrait ſes nombreux Habitans à la barbarie des Eſclaves révoltés.

J'ai de même oppoſé une barrière impénétrable aux Révoltés dans les Paroiſſes du port de Paix, de Jean Rabel, du port à Piment & des Mouſtiques, dans le deſſein d'intercepter auſſi leur paſſage dans la Province de l'Oueſt, & leur jonction avec la bande innombrable des Révoltés dans le Nord, ce qui auroit tout perdu ; & cependant mes moyens étoient d'une foibleſſe à épouvanter, & les contrariétés étoient inouies.

Au mois de Juin dernier 1792, ſecondé du commiſſaire civil Roume, j'ai rétabli au Port-au-Prince l'ordre & la confiance qui en étoient bannis depuis 15 mois : j'ai réunis les citoyens blancs & ceux de couleur qui en avoient été chaſſés.

J'ai promulgué toutes les loix qui me ſont parvenues officiellement & notamment celle du 4 Avril, qui ſtatue ſur l'état politique des citoyens de Couleur & Négres libres. J'ai mis autant d'em-preſſement à la faire connoître, que j'éprouvai de ſatisfaction lorſque je la reçus. Je l'ai ſait exé-cuter par-tout, & elle l'étoit depuis deux mois, quand les commiſſaires envoyés à cette occaſion ſont arrivés.

Enfin je n'ai ceſſé de m'occuper nuit & jour du bien public, & ſi je n'euſſe été perpétuellement contrarié & mal ſecouru, parce que tout le monde ne le déſiroit pas, j'aurois eú de plus grands ſuccès.

Né conciliant & porté naturellement à la paix, j'a fait tous les ſacrifices qui dépendoient de moi pour parvenir à ce but.

Ce récit, citoyens, me paroît contenir ma juſtification. Les preuves de ſa vérité ſont conſi-gnées dans tous mes écrits, dans mes proclama-tions, & dans les autres pièces produites pour ma défenſe : je dirai donc peu de choſes ſur chacune des accuſations dont on a compoſé le décret qui m'a ſoumis au jugement que vous allez rendre.

Ces accuſations peuvent ſe réduire à deux ; la premiere, d'avoir attenté à la liberté indivi-duelle en ordonnant, en ma qualité de repréſen-tant du pouvoir exécutif, l'arreſtation d'un ci-toyen hors du cas déterminé par la loi ; en le re-mettant enſuite à un tribunal ſans pouvoirs, & d'àvoir autoriſé des déportations illégales.

L'autre, d'avoir été contraire aux décrets des 15 Mai 1791 & 4 Avril 1792, qui accordent aux citoyens libres de couleur les droits politiques.

Ma réponse au premier chef d'accusation est aussi courte que simple. Ce n'est pas moi qui ai ordonné l'arrestation du citoyen Borel, dont il est ici question ; elle est de Grimouard, commandant du vaisseau le Borée ; de Grimouard, accusé comme moi sur ce fait par l'Assemblée Coloniale & les factieux du Port-au-Prince, mais que la Convention nationale n'a pas jugé coupable, puisqu'il vient d'être mis à la tête d'une de nos flottes. Je n'entrerai point dans le détail des motifs qui y donnerent lieu ; je ne dois vous présenter ici que les points véritablement essentiels ; & au moment où vous allez prononcer sur mon sort, il vous suffit de cette réponse. Cependant citoyens, mon défenseur va mettre sous les yeux des Magistrats, plusieurs pièces authentiques dont il résulte que cette arrestation fut de la part de Grimouard, une chose juste, nécessaire & conforme à la Loi.

Quant à ce qui me regarde dans cette affaire, je dois vous dire que je n'arrivai à Saint-Marc, que le lendemain de l'arrestation de Borel & de ses compagnons ; je les fis transférer du bâtiment où ils étoient détenus, dans les prisons du lieu, en les remettant immédiatement entre les mains de la Justice ; & en cela je n'ai point fait une démarche arbitraire, car il est dans l'ordre des fonctions exécutives de faire transférer les détenus, dans les lieux désignés à cet effet.

J'ai fait une démarche commandée par la nécessité, car il y avoit impossibilité physique de

réfifter à l'indignation publique, hautement ma-
nifeftée. Tout Saint-Marc demandoit à grands
cris, vengeance contre Borel, qu'il regardoit
comme l'ennemi le plus acharné des citoyens de
couleur & de tous ceux des blancs qu'il leur
avoient été favorables ; comme l'auteur, enfin de
tous les maux & des cruautés innouies dont l'Ar-
tibonite a été le théâtre. Je ne vous entretiendrai
point de ces horreurs. Elles font frémir ; le récit
en feroit déchirant & trop long.

J'ai fait une démarche commandée par l'humanité, car j'ai fauvé la vie à Borel & à fes compagnons, en prenant toutes les précautions pof-
fibles pour affurer leurs jours pendant cette tranf-
lation.

Ce n'eft point moi qui ai livré Borel à un tribunal
fans pouvoirs, car je n'ai point renvoyé l'équi-
page arrêté, & dans lequel Borel s'étoit trouvé,
à tel ou tel Tribunal ; je l'ai au contraire dénoncé
à la Juftice, *pour qu'il fût procédé felon les Loix :*
ce font là les termes de l'ordre que j'ai donné. J'ai
donc renvoyé les détenus par-devant les Juges
qui en devoient connoître. C'étoit à eux de réclamer contre cette prétendue incompétence du
Tribunal. C'étoit à lui de reconnoître que mon
ordre ne lui étoit pas adreffé.

Mais fi j'ai remis Borel & fes compagnons entre
les mains de la Juftice, c'eft que leur arreftation,
qui n'eft pas moi, avoit été légale & méritée ;
c'eft que j'en fus *fpécialement requis* par le Confeil
de Paix & d'Union, féant à Saint-Marc.

Quant à la compétence du Tribunal que je
n'ai pas nommé pour prendre connoiffance de
cette affaire, mais enfin qui devoit la prendre, fi
Borel & fes compagnons n'euffent pas été remis en

liberté environ quinze jours après leur déten-
tion; il est vrai qu'il avoit été, non pas destitué
de ses fonctions, mais mis en vacance par un
arrêté de l'Assemblée Coloniale; mais ce Tribunal
avoit été depuis, réintégré dans ses fonctions,
par le Conseil de Paix & d'Union, & ce Conseil
étoit une autorité légale & populaire, puisque
les membres en avoient été librement élus par les
Représentans de quatorze Paroisses, & que la formation en avoit été approuvée par les Commissaires nationaux civils, autorisés à cet égard, par
la Métropole (1).

Enfin les réquisitions qui me furent faites, de
remettre Borel, arrêté par Grimouard, entre les
mains de la Justice, sont du 22 Juin 1792. Et dès
le 6 Juillet suivant, deux Commissaires de l'Assemblée Coloniale étant venus au Port-au-Prince
pour inviter le Commissaire national & moi,
à lui rendre sa liberté, ces deux autorités con-
courant de concert au rétablissement de la paix
& de l'union entre tous les citoyens, nous nous
rendîmes à ce vœu.

En cela, nous commîmes une faute; Borel
avoit été légalement arrêté; il avoit mérité de
l'être : on nous avoit porté contre lui des plaintes
régulieres, on y avoit articulé des griefs fort
graves; ils étoient appuyés de procès-verbaux
authentiques; on nous avoit requis de les dénoncer à la Justice; nous l'avions fait. Nous n'a-
vions plus le droit d'en suspendre le cours. Mais
cette faute n'est pas celle dont on m'a fait un

---

(1) Voyez le Rapport du Commissaire Roume au
Ministre sur cet objet, contenu dans sa lettre du 11 Juillet
1792.

chef d'accusation, & cependant cette affaire n'en
fournit point d'autres.

Il me reste un mot à dire sur les déportations
illégales dont on m'accuse, le voici :

Je n'en ai jamais ordonné.

Il est vrai qu'au Port-au-Prince plusieurs citoyens ont été déportés ; ils avoient été désignés
comme perturbateurs & dangereux pour le repos
public. Mais c'est le commissaire national civil
qui en a donné l'ordre. C'est la Municipalité du
Port-au-Prince qui l'a exécuté. Je n'y ai contribué en rien. On ne pouvoit donc sous aucun rapport, en faire un chef d'accusation contre moi.

Citoyens mes Juges, j'ai la preuve de ce que
j'avance ; on mettra sous vos yeux une lettre du
11 Juillet 1792, que j'ai eu le bonheur de me
procurer, par laquelle le Commissaire Civil rend
compte au Ministre de la Marine, & de l'accord
qui a régné entre lui & moi, relativement à l'affaire de Borel, & des déportations qu'il a *seul*
ordonnées. Voici ses expressions.

» J'ai pris sur moi de faire embarquer des par-
» ticuliers ; je l'ai fait extra-judiciairement :
» sans cette mesure, il eût été impossible de ne
» pas verser des flots de sang. Néanmoins je sais
» que j'ai agi contre les loix écrites, & je me sou-
» mets à tout ce que l'Assemblée nationale & le roi
» ordonneront de moi. Je serai toujours consolé
» par le souvenir de n'avoir pas vu couler une
» seule goutte de sang au Port-au-Prince.

» M. le Général va se rendre à Jérémie, avec
» deux vaisseaux de l'Etat, pour faire publier la
» Loi du 4 Avril, que l'on y a refusée. Il fera
» mettre en liberté les citoyens de couleur qui y
» sont détenus à bord d'un bâtiment ».

Et

Et plus haut : » M. Blanchelande m'a parů le
» conduire en tout avec beaucoup de juſtice, de
» popularité, de ſang froid & d'humanité ».

Enfin citoyens, dans l'interrogatoire que les
Commiſſaires m'ont fait ſubir à Saint-Domingue,
d'après une dénonciation de l'Aſſemblée Coloniale, il eſt ſouvent queſtion de quelques ſoldats
qui ont été pour délit conſtaté & en vertu de
jugemens rendus par leur corps, renvoyés en
France : je ne penſe pas que ce ſoit là ce qu'on me
reproche & ce qu'on qualifie de *déportations arbitraires*. Au ſurplus je n'ai ni pu, ni du empêcher
l'exécution de ces jugemens. La Police générale &
la diſtribution des troupes étoient bien dans l'ordre
de mes pouvoirs; mais je n'avois pas le droit de
m'immiſcer dans la police intérieure des corps,
encore moins celui *d'empêcher que des hommes jugés coupables ne fuſſent punis*. Quand l'autorité qui
m'étoit confiée a été réclamée pour l'exécution de
ces jugemens, j'ai fait mon devoir en en faiſant
uſage, mais certes, je ne ſaurois, ſous aucun point
de vue, être reſponſable de ces jugemens en eux-
mêmes, que je n'ai ni rendus, ni provoqués ni
autoriſés.

Pluſieurs autres ſoldats ont été embarqués pour
France, comme malades, & ne pouvant ſupporter
les chaleurs du climat. On a prétendu que parmi
ces ſoldats il s'en trouvoit de bien portans. Ce
n'eſt probablement pas là encore ce qu'on nom-
mera des déportations arbitraires; mais comme il
en eſt parlé dans les pièces produites, je crois utile
de dire, d'abord, que ce fait ne ſauroit me regarder; qu'il tient auſſi à la police intérieure des
régimens; que tous les ſoldats embarqués ne l'ont
été que ſur des états dreſſés par les commandans

des corps & fur des certificats de Médecins & Chirurgiens légalement chargés d'en conftater le befoin; ce n'eft donc pas à moi à répondre de ces faits.
Cependant il eft à ma connoiffance perfonnelle
que ces foldats étoient malades, & que plufieurs
ont regardé leur retour en France comme un retour à la vie.

D'ailleurs chaque fois que les commandans
des corps m'ont remis les états des hommes renvoyés en France, foit pour délits, foit pour ma-
ladies; ils y ont toujours joints, & les procès-
verbaux de leurs jugemens, & les certificats des
Médecins & Chirurgiens. J'ai adreffé le tout aux
Miniftres avec une fimple lettre d'avis; ils m'en
ont exactement accufé la réception, & c'eft
ainfi qu'on en a agi dans tous les tems.

J'ai ordonné le départ pour France, des bataillons des 9ᵉ. & 48ᵉ. régimens, ci-devant Normandie & Artois, lorfque je fus au Port-au-
Prince avec le Commiffaire national civil, Roume, pour y rétablir l'ordre & la paix, & procurer à la Loi du 4 Avril 1792, fon exécution
abfolue. Cet ordre n'a reçu fon exécution qu'à
l'égard du bataillon de Normandie; je l'ai donné
parce qu'il infpiroit de la méfiance aux citoyens de
couleur, qui avoient formellement déclaré qu'ils
ne rentreroient point au Port-au-Prince tant
qu'il y feroit; que les Blancs demandoient également fon éloignement, & que ce n'eft qu'à ce prix
que nous pûmes nous flatter, le commiffaire &
moi, de faire exécuter le décret du 4 Avril. Ce
bataillon étoit d'ailleurs déforganifé, par l'ab-
fence de tous fes officiers renvoyés en France,
par *un arrêté de l'Affemblée Coloniale*; il ne pouvoit être utile; il étoit à craindre, & ce qui tran-

che toute difficulté, j'avois reçu du ci-devant roi, l'ordre pofitif de faire entrer en France, ces deux bataillons. Cet ordre eft daté de Paris, le 14 Février 1792. Il eft accompagné d'une lettre d'envoi du Miniftre, qui porte la même date. Il eft donc rigoureufement démontré, que ceux que j'ai donnés en conféquence n'ont rien d'arbitraire. Je pouvois borner ma défenfe à ce feul mot, *j'avois l'ordre; le voilà!* Mais il eft plus fatisfaifant pour moi de vous en avoir fait connoître la juftice & la néceffité.

Je conclus de cette difcuffion, que je n'ai jamais ordonné de déportations arbitraires.

Je paffe aux inculpations qui me font faites, d'avoir été contraire aux Décrets des 15 Mai 1791 & 4 Avril 1792, qui accordent aux citoyens libres de couleur les droits politiques.

On m'accufe d'avoir écrit que je ne me prêterois jamais à l'exécution du premier, s'il me parvenoit officiellement.

1°. Je n'ai dit ni écrit nulle part, que je ne me prêterois jamais à fon exécution; mais j'ai dit & écrit que fi ce Décret arrivoit officielle-ment, à l'époque où j'en parlois, & vu l'agitation qui régnoit dans ce moment, *j'en fufpendrois la promulgation pour, de concert avec les Repréfentans de la Colonie, prendre toutes les mefures capables d'engager l'Affemblée nationale à retirer ou modifier ce Décret.* Je démontrerai dans l'inftant, & l'on doit fe rappeller d'avoir déjà vu que cette me-fure étoit alors indifpenfable.

2°. Jamais ce Décret n'eft arrivé officiellement dans la Colonie. S'il me fût parvenu; fi, d'après les refpectueufes obfervations des Citoyens & les

miennes, l'exécution en eût été néanmoins or-
donnée., j'eusse employé tous mes efforts pour
la lui procurer. Ainsi, loin d'avoir provoqué à
la désobéissance à cette *Loi future*, & qui n'a
jamais eu ce caractere pour la Colonie, j'ai calmé
les esprits déterminés à la rébellion, en promet-
tant au peuple de Saint-Domingue le tems nécessaire pour que ses représentations fussent enten-
dues. S'il étoit possible qu'on en doutât, je dirois
qu'une intention pour l'avenir, même criminelle,
ne sauroit, dans aucun pays de la terre, consti-
tuer un délit. Ici, l'on ne voit que la manifesta-
tion d'une intention, que les événemens, que
l'arrivée officielle de ce même Décret, que des
ordres supérieurs & précis, pouvoient non-seu-
lement changer en moi, mais aussi les circonstances qui l'avoient fait naître.

3°. Ces représentations ont été reçues & bien
accueillies par l'Assemblée constituante. Ce Décret du 15 Mai fut remplacé par celui du 24
Septembre, dont j'ai déjà parlé. Il a annullé véritablement ce premier, puisque, loin d'accorder
à un certain nombre d'hommes de couleur les
droits politiques, il a conféré aux Assemblées
coloniales le droit de statuer sur le sort des uns
& des autres, & révoqué tous les Décrets anté-
rieurs, qui pouvoient contrarier cette disposition.

4°. Enfin, ma conduite, à cette époque, a été
approuvée par toute la Colonie : ceux des hommes
de couleur, qui devoient jouir de cette Loi, & qui
seuls, par conséquent, auroient pu s'en plaindre,
m'en ont su gré. Ils m'assurerent que « cette me-
» sure que j'avois prise (ce sont leurs expres-
» sions), calmeroit infailliblement les alarmes
» que leur avoient suscité les circonstances fâ-

» cheufes où ils fe trouvoient » (1). Si l'on con-
fulte la lettre que j'écrivis alors au Miniftre de
la Marine, & le compte que je lui rends de tout
ceci, on y verra clairement combien il étoit
inftant de conjurer l'orage qui menaçoit ceux
même que le Décret favorifoit ; que le feul
moyen d'y réuffir, étoit de donner un cours légal
aux plaintes, au défefpoir, quelqu'infenfé qu'il
fût, du Peuple de Saint-Domingue ; c'étoit auffi
la plus douce & même l'unique maniere d'appai-
fer la fermentation, fans altérer les rapports de
la Colonie avec la Métropole.

J'ai dû enfin, dans cette circonftance extrême-
ment difficile, raffurer & calmer les efprits, &
empêcher la guerre civile d'éclater. Si, pour parvenir à ce but, j'ai été forcé de donner, comme
des paroles de paix, la promeffe de *fufpendre* dans
ce moment *la promulgation* de ce Décret jufqu'à
l'audition des murmures qu'il faifoit naître,
heureux de l'avoir atteint, je ne puis fupporter
l'idée de m'en faire à moi-même un reproche : il
y a loin de-là à la violation de mes devoirs ! Je
les connoiffois, & j'ai toujours fu les remplir.
Eh ! depuis quand, des repréfentations font-elles
donc regardées comme défobéiffance ? Elles ne
le furent jamais dans les tems même du plus
violent defpotifme. Les Affemblées fucceffives de
France n'ont-elles pas toutes retiré plufieurs Décrets fur de femblables repréfentations ? Celui-là
même ne le fut-il pas ? Et s'eft-on avifé, jufqu'à
moi, de regarder comme coupables les hommes

---

(1) Voyez les Piéces, n°. 32, de mon premier Mémoire
imprimé à Saint-Domingue.

publics, qui ont donné au peuple le tems de faire ſes pétitions ?

J'avois eu lieu de craindre le maſſacre des gens de couleur : l'approbation qu'ils m'ont donnée, & que je viens de vous rappeler, en eſt une preuve certaine. Les factieux s'élevoient avec force contre moi, en exhalant mes ſentimens en faveur des hommes de couleur : les blancs qui les connoiſſoient, ſe réunirent à eux : les mulâtres, exclus par cette Loi de l'exercice des droits politiques qu'elle n'accordoit qu'à ceux d'entre eux nés de pere & de mere libres, firent entendre auſſi leurs juſtes plaintes. Enfin je fus preſſé de toutes parts par une multitude d'adreſſes & de meſſages, de déclarer ce que je ferois ſi ce Décret arrivoit officiellement : on vouloit me contraindre à promettre une réſiſtance formelle aux ordres qui pourroient venir de France. Je refuſai d'abord de m'engager en aucune maniere, en répondant à ces preſſantes ſollicitations, que j'étois abſolument ſubordonné aux déterminations de la Métropole ; mais la méfiance, les menaces & les dangers croiſſant par ce refus, je jugeai qu'il étoit prudent de ne pas compromettre la puiſſance nationale par mon opiniâtreté : je crus qu'il étoit impoſſible de réſiſter à la violence du torrent ; que je ne devois plus être occupé que du ſoin de ramener & de conſerver à la Mere-patrie des enfans prêts à la méconnoître, & qui jugeant ce Décret ſur la ſeule annonce qu'ils en eurent, deſtructif des promeſſes & des engagemens qu'ils trouvoient ou feignoient de trouver dans les précédens, s'exprimoient ſur leur indépendance avec une énergie qui tenoit de la violence, en même tems qu'ils s'abandonnoient aux

plaintes les plus ameres contre l'Assemblée nationale. Il n'étoit plus possible de douter qu'ils ne
fussent résolus à repousser à main armée, & ses
Décrets, & ceux qu'elle auroit chargés de les
faire mettre à exécution.

C'est dans cette circonstance, que j'écrivis en
ces termes au Ministre de la Marine, le 3 Juillet
1791 :

« . . . Jugez, Monsieur, quelle doit être ma
» position : il ne m'appartient pas de commenter
» les Décrets, ET MON DEVOIR EST DE LES
» FAIRE EXÉCUTER ; mais je suis résolu à verser
» la derniere goutte de mon sang, *plutôt que de*
» *répandre celui de mes Concitoyens & de mes*
» *freres.*

» Je fais des vœux pour que la retraite des Dé-
» putés des Colonies, de l'Assemblée nationale
» & les réclamations du Commerce aient fait
» retirer ce Décret fatal ; je desire qu'au moins
» l'Assemblée nationale daigne l'interpréter . . .
» . . . .

» J'ai cru, Monsieur, devoir vous rendre
» compte de cette premiere impression : je serai
» exact dans la suite journaliere de ma corres-
» pondance. Je ferai mes efforts pour entretenir
» la paix, *ou plutôt pour empêcher l'effusion du*
» *sang.* Mais la position de la Colonie vous an-
» nonce combien mes moyens seront foibles,
» *sur-tout après la réunion inévitable de tous les*
» *blancs en un seul parti, QUI NE SERA PLUS*
» *CELUI DE L'ASSEMBLÉE NATIONALE.*

» En un mot, Monsieur, j'ai tout lieu de
» craindre que ce Décret, s'il n'est au moins
» modifié, ne soit l'arrêt de mort de plusieurs
» milliers d'hommes, & ne devienne également

» funefte au petit nombre de ceux même qu'il
» a pour objet de favorifer ».

Peut-on trouver dans cette lettre un feul mot
qui puiffe , non pas juftifier , mais excufer l'accufation qui m'a été faite ?

Pour mieux connoître encore à quel point de
fermentation les efprits étoient portés , il faut
lire ce qui s'eft paffé dans la féance de l'Affemblée
Provinciale du Nord , le 29 Juillet.

On y donne lecture d'une Délibération d'un
Diftrict , contenant des projets de précautions à
prendre dans cette circonftance orageufe.

On y lit une lettre du Commandant des Troupes
Patriotiques , fur la diftribution des différens
corps , *en cas d'une prife d'armes inattendue.*

On voit un Membre demander qu'on convoque
une Affemblée de tous les Chefs patriotiques ,
pour délibérer fur le parti qu'il convient de
prendre dans la crife actuelle.

Un autre , que le Repréfentant du Roi , le Commandant de la Province , & les Chefs des Troupes
de Ligne & de Marine , foient invités à fe rendre
dans le fein de l'Affemblée.

Enfin l'on arrête qu'il y aura le lendemain une
Affemblée extraordinaire ; que tous les Chefs
civils & militaires y feront appelés , afin de fe
concerter fur les moyens & les précautions à
prendre dans la circonftance critique où la Colonie peut fe trouver au premier moment.

Deux Députés m'apporterent cette Délibération , & c'eft alors que j'écrivis à l'Affemblée Provinciale la lettre où je lui mande que fi le Décret m'arrivoit *dans cet inftant* , j'en fufpendrois
la promulgation , ce qui n'eft pas dire qu'il ne
feroit pas promulgué ; car je lui adreffai en même-

tems copie de celle que j'avois écrite au Miniftre le 3 du même mois, dont je viens, Citoyens, de vous faire connoître quelques paffages, & dans laquelle font confignés mes vrais fentimens. Obéiffance abfolue aux Loix, repréfentations franches, loyales & refpectueufes, & le defir d'amener à leur exécution, *fans effufion de fang*.

Vous voyez, Citoyens, combien il étoit néceffaire de fe reporter au tems & au lieu qui me faifoient alors une obligation facrée de tenir la marche dont je viens de vous rendre compte. Au refte, comme je vous l'ai précédemment obfervé, non-feulement ce Décret n'a pas été envoyé officiellement, mais il a été de fait annullé par celui du 24 Septembre; l'Affemblée Nationale elle-même a donc redouté les effets de la contrainte qu'elle pouvoit mettre à l'exécution fubite du premier; n'en feroit-ce pas affez pour juftifier les obfervations que j'ai faites à ce fujet, & la promeffe d'en fufpendre la promulgation, qui me fut arrachée par la force des circonftances.

Trois mois après, l'Affemblée Nationale, délibérant fur les événemens dont ce Décret fut la caufe, loin d'improuver ce que j'avois fait, partageoit encore des craintes que je n'avois plus. Son Décret du 24 Septembre, & les lettres des Miniftres, en me l'adreffant, en contiennent la preuve.

N'eft-il pas étonnant & douloureux pour moi qu'on me faffe aujourd'hui un chef d'accufation de ce que tout homme fage, tout homme ami de l'humanité eût également fait à ma place! Si cette accufation pouvoit être accueillie, il falloit donc accufer auffi & l'Affemblée Provinciale du Nord, dont la Délibération du 29 Juillet 1791 a

néceffité la démarche qu'on me reproche, & la
Garde nationale de Saint-Domingue & tout le
Peuple de Saint-Domingue, que l'annonce de ce
Décret fouleva à cette époque, & l'Affemblée
Conftituante elle-même, puifqu'elle a jugé néceffaire de fubftituer à cette Loi fon Décret du 24
Septembre ! Enfin, l'Affemblée Légiflative auffi,
puifqu'elle a pareillement cru devoir remplacer
ce Décret du 15 Mai par celui du 4 Avril 1792,
bien différent du premier, puifqu'il reconnoît les
droits politiques de tous les hommes libres fans
aucune exception, tandis que l'autre ne les accordoit qu'à un certain nombre d'hommes de couleurs, qu'à ceux feulement qui feroient nés de
pere & de mere libres, ce qui excitoit les réclamations de ceux qui n'y étoient pas compris,
& qui étoient légitimes & fondées, puifqu'on y
a eu égard.

Il ne me refte plus à difcuter que le chef d'accufation relatif à mon oppofition prétendue à la
Loi du 4 Avril 1792, dont je viens, Citoyens,
de vous faire connoître les difpofitions.

Cette accufation eft ainfi conçue :

« Il paroît, porte l'acte d'accufation, que ce
» Gouverneur général (en parlant de moi) a
» approuvé un Arrêté de l'Affemblée Coloniale
» de Saint-Domingue, du 27 Mai de cette année
» (1792), dont le préambule tendoit à allumer
» le feu dans la Colonie, à l'occafion de la Loi
» du 4 Avril dernier, en ce qu'il y étoit fuppofé
» que le Corps Légiflatif n'avoit pas eu le droit
» de la décréter. »

Citoyens, ma réponfe & ma juftification font
dans l'acte même de l'Affemblée Coloniale, ainfi
que dans les Proclamations que j'ai cru devoir

faire à ce fujet. Je vais vous donner lecture de ces pièces produites contre moi pour foutenir cette accufation, & je renonce à employer aucun autre moyen de défenfe.

Mais pour que vous ne foyez pas trop étonnés du peu de rapport des faits avec l'acte d'accufation, je dois vous prévenir :

1°. Que lorfque la Convention déclaroit qu'il y avoit lieu contre moi à accufation fur ce fait, elle ne poffédoit aucune des deux pièces fur lefquelles elle repofe.

2°. Que l'Affemblée Coloniale, par cet acte émané d'elle le 27 Mai 1792, loin de provoquer la défobéiffance à la Loi du 4 Avril, déclare formellement qu'elle s'y foumet.

3°. Et pour éviter toute confufion, que les Arrêtés de l'Affemblée Coloniale, pour être exécutoires, avoient befoin de mon approbation, & par conféquent de ma fanction ; mais que celui dont il s'agit n'étant qu'une *déclaration de fes fentimens*, & une *promeffe de foumiffion* à la Loi nationale, & émanée de la Légiflature, n'étoit pas du nombre de ceux pour lefquels mon *approbation formelle* étoit néceffaire ; il m'a feulement fourni l'occafion de faire une Proclamation. Deux jours après le Décret m'arriva, & je le promulguai fur-le-champ ; je crus devoir accompagner fa publication d'une feconde Proclamation. L'un & l'autre de ces actes ne mériteroient que des éloges, fi la fatisfaction que l'homme de bien éprouve lorfqu'il a rempli tous fes devoirs avec efficacité ne devoit pas lui fuffire.

Loin de trouver dans ces Proclamations cette provocation directe à la défobéiffance à la Loi dont on n'a pas rougi de m'accufer, vous y remar-

querez, Citoyens, que chaque mot tend à inf-
pirer du refpect pour cette Loi bienfaifante, at-
tendue, hélas ! depuis trop long-tems; à rallier
tous les Citoyens autour d'elle, & à affurer fon
empire par l'oubli de toutes les divifions intef-
tines.

Je vais vous donner lecture de ces piéces.

1°. Délibération de l'Affemblée coloniale, prife
dans fa féance du 27 Mai 1792.

« L'Affemblée coloniale de la partie Françoife
» de Saint-Domingue, dès les premiers momens
» de fa formation, a annoncé par fes arrêtés
» des 5, 6 & 14 Septembre dernier, les difpofi-
» tions où elle étoit d'accorder aux hommes de
» couleur tous les droits politiques que la juf-
» tice & l'intérêt des Colonies permettoient de
» leur concéder.

» L'Affemblée nationale conftituante, ayant
» ftatué ces droits par un Décret du 15 Mai
» 1791, l'Affemblée coloniale déclara par fon
» arrêté du 20 Septembre fuivant, qu'elle ne
» s'oppoferoit point à l'exécution de cette Loi,
» dès l'inftant qu'elle feroit officiellement pro-
» mulguée; & qu'elle s'occuperoit à améliorer
» l'état de ceux qui n'étoient point compris dans
» fes difpofitions.

» Depuis cette époque, l'Affemblée nationale
» conftituante, par fon Décret conftitutionnel
» du 24 Septembre 1791, accepté par le Roi le
» 28 du même mois, comme le complément de
» la Conftitution Françoife, a délégué aux Af-
» femblées coloniales actuellement exiftantes &
» à celles qui leur fuccéderont, le droit de pro-
» noncer exclufivement fur l'état politique des

» hommes de couleur & negres libres; l'Assem-
» blée, convaincue que ce n'est que dans un
» état de calme & de tranquillité que les Loix
» doivent être faites, & qu'elles peuvent s'exé-
» cuter; convaincue également qu'il importoit
» aux hommes de couleur & negres libres, que
» la Loi qui prononceroit sur leurs droits poli-
» tiques, ne pût pas être supposée l'effet de la
» contrainte & de la révolte, s'empressa de dé-
» clarer par son arrêté du 5 Novembre dernier,
» qu'elle statueroit sur l'état politique des hom-
» mes de couleur & negres libres, dès l'instant
» qu'ils auroient mis bas les armes.

» Ces dispositions bienfaisantes n'ayant pas eu
» le succès qu'elles avoient le droit d'en atten-
» dre, l'Assemblée s'étoit déterminée à employer
» le dernier moyen qui lui restoit, pour ramener
» les hommes de couleur & negres libres à l'or-
» dre & à la raison : en conséquence, elle avoit
» arrêté de prononcer définitivement sur leur
» état politique ; & sa décision eût rempli l'effet
» de ses promesses, sans blesser les convenances
» locales ».

» La Commission qu'elle avoit nommée pour
» lui présenter un plan sur les objets soumis à
» son pouvoir législatif, avoit fait son rapport;
» déjà l'Assemblée avoit prononcé sur le sort
» des esclaves ; &, depuis plusieurs jours, la
» discussion étoit ouverte sur l'état politique des
» hommes de couleur & nègres libres, lorsque
» l'Assemblée a été instruite, d'abord par les
» papiers publics, ensuite par une lettre de ses
» Commissaires auprès de l'Assemblée nationale
» & du Roi, que l'Assemblée nationale législa-
» tive avoit rendu, le 24 Mars dernier, un

» Décret qui prononce sur l'état politique des
» hommes de couleur & nègres libres, & que
» ce Décret avoit été sanctionné par le Roi le 5
» Avril suivant.

» Quoique ce Décret soit diamétralement
» contraire aux dispositions de la loi constitu-
» tionnele du 28 Septembre 1791, néanmoins
» l'Assemblée coloniale ne voulant pas compro-
» mettre, par la résistance, le salut des restes de
» Saint-Domingue, qu'il importe de conserver
» à la France, puisque son commerce & l'exis-
» tance de six millions d'hommes reposent en-
» tierement sur leur conservation ; ne voulant
» pas non plus mettre en opposition la loi qu'elle
» à le droit de faire, avec la décision qui est
» émanée de l'Assemblée nationale, parce que
» de ce conflit d'autorité pourroient naître des
» divisions & des désordres, qui accéléreroient
» la ruine de cette malheureuse Colonie.

» L'Assemblée déclare qu'attendu la connois-
» sance certaine qu'elle a du Décret de l'Assem-
» blée nationale législative, du 24 Mars dernier,
» sanctionné par le Roi, le 5 Avril suivant, elle
» s'abstient de prononcer sur l'état politique des
» Hommes de couleur & Negres libres, & qu'elle
» reconnoît la nécessité de se soumettre à la vo-
» lonté de l'Assemblée Nationale & du Roi,
» lorsqu'elle lui sera officiellement notifiée.

» L'Assemblée a arrêté que la présente décla-
» ration sera imprimée ; invite M. le Lieutenant
» au Gouvernement général à la faire publier
» dans toute la Colonie ; à l'adresser à toutes
» les Assemblées administratives, qui demeurent
» chargées de la notifier aux Municipalités de
» leurs arrondissemens ; & l'invite en outre à faire

» une Proclamation pour ordonner aux Hommes
» de couleur & Negres libres de rentrer dans
» l'ordre, & de se réunir aux Blancs dans leurs
» Paroisses respectives, pour faire cesser la révolte
» des Esclaves.

» L'Assemblée nomme MM. Gault, Brulley,
» Cadusch, Favaranges, Dumas & Gauvain,
» Commissaires auprès de M. le lieutenant au gou-
» vernement général, à l'effet de lui remettre
» la présente déclaration.

» Fait & arrêté en séance, les jours, mois
» & ans que dessus. Signé Lux, Président ; de
» Pons, Vice-Président ; Gouin, Lafuge, Bou-
» din & Michel, Secrétaires.

» Collationné Poitevin, Garde des Archives ».

Je ne puis, Citoyens, vous laisser ignorer le
jugement que le Commissaire National civil
Roume, a porté de cette piece dans son rapport
à la Convention, en date du 29 Janvier, l'an
second de la République.

Son patriotisme n'a point été suspecté ; il nous
démontre lui-même qu'il étoit impossible qu'il le
fût, en nous apprenant « qu'à l'époque de sa
» mission il ne falloit pas avoir les préjugés admis
» jusqu'alors, pour s'être chargé d'un emploi dé-
» pendant du pouvoir exécutif, sans y avoir été
» autorisé par le Roi ».

Eh bien, Citoyens, voici comment ce Répu-
blicain, qui, dans ce rapport, n'a pas dissimulé
ses propres fautes, s'exprime relativement à cette
délibération prise le 27 Mai par l'Assemblée Coloniale.

« Cette Assemblée, dit-il, ramenée par la
» suite des événemens, & sans doute aussi par

» ſes propres ſentimens , à des principes dignes
» d'elle, effaça d'un ſeul trait tous les torts qu'elle
» avoit eu , & *ſacrifiant* au ſalut de la Colo-
» nie, comme *à ſon reſpeɕt pour l'Aſſemblée*
» *Nationale*, ſes préjugés, ſes principes & ſes
» paſſions, elle déclara, le 27 Mai qu'elle ſe
» ſoumettroit à la Loi du 4 Avril. Il eſt certain
» que la moindre répugnance exprimée par elle,
» en cette occaſion, eût donné ſource à un tor-
» rent de ſang , qui, du Cap, ſe ſeroit répandu
» ſur toute la ſurface de la Colonie ».

2°. Voici la Proclamation dont la délibération que je viens de faire connoître m'a fourni
l'occaſion.

« Citoyens Blancs, de la partie Françoiſe de
» Saint - Domingue , Hommes de Couleur &
» Negres libres , vous tous, habitans de cette
» trop malheureuſe Colonie : aſſez, & trop long-
» tems vos cruelles diſſentions ont porté la
» flamme & la dévaſtation dans vos riches poſ-
» ſeſſions, la mort & le deuil au ſein de vos
» familles ».

» La deſtruɕtion, l'incendie, le carnage, ont
» mis cette contrée, jadis ſi floriſſante, à deux
» doigts de ſa perte. Elle n'offre déjà plus, ſur
» une grande partie de ſa ſurface, que des ruines &
» des monceaux de cendres ; le reſte eſt prêt à
» éprouver un ſort auſſi funeſte.

» La perfidie de vos ennemis , ces infâmes
» auteurs de vos maux, qui ont ſoufflé & ne
» ceſſent d'alimenter le feu de la diſcorde parmi
» vous, l'a emporté juſqu'à préſent ſur les
» conſeils de la raiſon , ſur mes preſſantes &
» fréquentes ſollicitations. Animés du ſeul
» deſir de ſatisfaire leurs paſſions avides &
» féroces,

» féroces, les cruels ont fasciné vos yeux ; ils
» ont abusé du beau nom de la régénération de
» l'Empire ; ils l'ont fait servir de prétexte pour
» exciter & prolonger parmi vous les haines
» & les vengeances pour vous porter aux excès
» les plus coupables , comme si le désordre &
» le crime devoient jaillir d'une source aussi pure,
» & pouvoient produire un instant de bonheur;
» ils ont semé dans vos esprits la crainte & la
» défiance contre toutes les autorités légitimes ;
» *ils vous ont fait oublier, en un mot, que nous*
» *sommes tous freres & François, que nous devons*
» *tous être unis & soumis à la Loi.*

» Au milieu du choc des intérêts & des opi-
» nions qui vous divisent, tandis que les Esclaves
» révoltés continuent de ravager vos campagnes,
» encore un pas , encore un succès de la part
» des monstres qui vous égarent , & la ruine
» de la Colonie est consommée sans retour.

» Arrêtez-vous , braves Colons, & vous,
» hommes de Couleur & Negres libres , sur le
» bord de l'abîme que vous creusez de vos propres
» mains , & qui ne peut manquer de finir par
» vous engloutir tous également. Réfléchissez,
» tandis qu'il peut en être tems encore , sur
» les suites affreuses de vos querelles intestines ;
« écoutez enfin , je vous en conjure, pour la
» derniere fois, la voix trop long-tems mécon-
» nue du représentant de votre Roi. (*Ici je dois*
prévenir de nouveau mes auditeurs , que j'étois
à cette époque le représentant du ci-devant Roi ;
que je ne pouvois parler & agir qu'en son nom ;
que j'exerçois provisoirement dans la Colonie les
fonctions attachées à la royauté dans toute la
France. Vous ne pourriez donc , Citoyens, sans

une extrême injustice, bien éloignée de vos cœurs,
être choqués des expressions dont je me servois
alors à l'égard d'une des premieres autorités cons-
tituées ; j'obéissois aux loix auxquelles nous étions
soumis à cette époque. Si je n'avois à vous citer
que quelques passages de cette Proclamation, je
passerois sous silence ces mots de Roi, de royauté
que la République doit effacer par-tout ; mais,
vous ayant annoncé, Citoyens, que j'allois vous
faire connoître cette piéce telle qu'elle existe, &
dans la forme que j'ai dû lui donner dans le temps
où elle a paru, je ne puis en rien retrancher,
comme je n'aurois pas le droit d'y rien suppléer.
Je vais donc, Citoyens, reprendre cette phrase
où je parle du Roi, & continuer ce qui me reste
à vous lire de cette Proclamation.) » Ecoutez, je
» vous en conjure, la voix trop long-tems mé-
» connue du représentant de votre Roi, de ce
» Roi si bon, si sensible, & dont le cœur pa-
» ternel est si cruellement & depuis si long-tems
» déchiré par votre mésintelligence & vos mal-
» heurs.

» Voici le moment, ou jamais, de mettre fin
» à ses tendres sollicitudes à votre égard, en
» rendant le repos à la Colonie.

» L'Assemblée Nationale voulant sans doute
» hâter ce moment fortuné qui fixera les incer-
» titudes sur l'état politique des hommes de Cou-
» leur & Negres libres, & fera cesser les troubles
» & les désordres auxquels les divisions d'opi-
» nion à ce sujet, ont malheureusement donné
» lieu jusqu'à présent, a prononcé définitive-
» ment, le 24 Mars dernier, sur cette impor-
» tante question, par un Décret que le Roi a
» sanctionné le 5 Avril suivant. Cette Loi, dont

» l'exiſtence eſt poſitive, ne peut tarder à m'être
» envoyée, & l'Aſſemblée Coloniale l'a déjà
» reçue de France par ſes Commiſſaires.

» En conſéquence cette Aſſemblée a pris
» l'Arrêté ſage dont je me hâte de vous faire
» part, d'après l'invitation qu'elle m'en a fait.
» Elle connoît la loi, elle la reſpecte, & promet
» de s'y ſoumettre auſſitôt qu'elle ſera promul-
» guée. Tel eſt l'exemple que vous avez à ſuivre;
» tel eſt le devoir que vous dictent vos Repré-
» ſentans.

» L'Aſſemblée Nationale a décrété en même-
» tems que trois nouveaux Commiſſaires civils
» ſeroient inceſſamment envoyés avec des
» forces, afin d'aſſurer l'exécution de cette Loi,
» & de rétablir l'ordre & la paix dans la partie
» Françoiſe de Saint - Domingue.

» En attendant que ces diſpoſitions s'effec-
» tuent, quel prétexte vous reſteroit-il, Citoyens
» Blancs, & vous, hommes de Couleur & Negres
» libres, pour continuer vos actes de violence
» les uns contre les autres ? La volonté de la
» Nation entiere va être légalement connue &
» publiée. Celle de la Colonie, énoncée par vos
» Repréſentans, eſt d'y obéir.

» S'ils ſuſpendent toute délibération ſur la
» cauſe de vos débats, ſuſpendez donc auſſi vos
» hoſtilités. Au nom de la Patrie en danger, &
» dont chaque jour aggrave les plaies, mettez
» reſpectivement bas les armes, ou plutôt réu-
» niſſez les pour - marcher contre vos véritables
» ennemis, pour diſſiper les attroupemens des
» révoltés.

» Que la confiance la plus entiere, fondée ſur
» le beſoin de faire ceſſer des maux qui vous

» font communs, préside à cette réunion. Tirez
» du moins des malheureuses circonstances qui
» vous ont fait, par erreur, essayer vos forces
» contre vos freres, l'avantage de les estimer
» assez pour être sûrs de la victoire, lorsque vous
» combattrez fous les mêmes drapeaux. Tels que
» ces généreux champions, qui, après avoir été
» un moment ennemis, oublient après le com-
» bat la cause qui l'a provoqué, & ferrant entre
» eux les doux liens d'une amitié fraternelle,
» se prêtent mutuellement secours, si l'un d'eux
» est attaqué, & favent que leurs bras réunis
» font invincibles.

» Le fort de cette Colonie va donc désormais
» être entre vos mains, & ne dépend plus que
» de la conduite que vous allez tenir. C'est vous,
» fur-tout, chefs des partis opposés, qui ferez
» responsables des événemens. La France entiere
» a les yeux ouverts fur vous; elle vengeroit, n'en
» doutez pas, de nouvelles infractions à fes loix.
» Hâtez-vous de rendre la paix à cette infortunée
» Colonie: hâtez-vous de réparer les maux que
» lui ont fait vos funestes divisions.

» Ce font les vœux que je forme fans ceffe
» pour la prospérité de ce pays. S'ils ont été
» impuiffans jufqu'à ce jour, je me flatte encore
» qu'ils vont être exaucés; je me flatte que la
» consolation de vous voir heureux, après tant de
» calamités, ne me fera pas plus long-tems refufée.
» J'ai befoin de cette efpérance, pour fupporter
» le poids de mes follicitudes, & d'en voir la réa-
» lité, pour diffiper des fouvenirs douloureux.

» J'aime à me perfuader que les Hommes de
» couleur & Nègres libres, s'empresseront de juf-
» tifier les efpérances que la Nation & le Roi

» ont fondé fur leur patriotifme, leur foumiffion
» & leur dévouement ; qu'ils n'héfiteront pas
» à fe réunir de bonne-foi à tous ceux qui dé-
» firent de fauver les débris de Saint-Domingue,
» & de contribuer à fa profpérité future ; & que
» loin d'avoir à diffiper des rebelles armés contre
» la loi, il ne me reftera que la fatisfaction d'an-
» noncer à l'Affemblée nationale & au Roi, le
» fuccès des mefures qu'ils ont adoptées pour le
» falut & la confervation de cette précieufe
» portion de l'Empire françois.

» En conféquence, nous ordonnons aux hom-
» mes de Couleur & Nègres libres, de rentrer
» dans l'ordre, & de fe réunir aux Blancs dans
» leurs paroiffes refpectives, pour faire ceffer la
» révolte des efclaves ».

Au Cap, ce 28 Mai 1792.

Signé BLANCHELANDE.

Voici la feconde proclamation dont j'accom-
pagnai la promulgation de cette Loi du 4 Avril,
au moment même ou elle m'arriva.

Je ne vous préviendrai plus, citoyens, que
c'eft au nom du ci-devant roi que j'y parle : je
vous ai déja obfervé que les Loix m'avoient placé
de manière à ne pouvoir agir, qu'au nom des autorités réunies de l'Affemblée Nationale & du ci-
devant roi.

« J'ai annoncé hier à tous les habitans de la
partie Françoife de Saint-Domingue, par la
Proclamation dont j'ai accompagné l'envoi de
l'Arrêté de l'Affemblée Coloniale, du 27, fur
l'invitation qui m'en a été faite par cette Affemblée, qu'il exiftoit une Loi concernant l'état

politique des hommes de couleur & Negres libres, laquelle venoit d'être rendue en France, & ne pouvoit tarder de m'être envoyée officiellement.

Cette Loi, décrétée par l'Assemblée Nationale, le 28 Mars dernier, & sanctionnée par le Roi le 4 Avril suivant, vient en effet de me parvenir, avec ordre de Sa Majesté de la promulguer sur le champ, & d'en maintenir l'exécution.

Elle déclare que les hommes de couleur & Negres libres doivent jouir, ainsi que les Colons blancs, de l'égalité des droits politiques; détermine les mesures convenables à cette disposition, ainsi qu'au rétablissement de l'ordre & de la paix; elle prononce pour cet effet l'envoi de trois Commissaires civils, d'une force armée suffisante, & composée en grande partie de Gardes nationales, avec des secours pécuniaires pour subvenir aux besoins de la Colonie.

Après la déclaration authentique de la volonté nationale, & après l'ordre formel du Roi de s'y conformer, *Citoyens blancs de Saint-Domingue*, pourrions-nous refuser de nous y soumettre? Pourrions-nous oublier que nous sommes François, & que nous avons juré d'être fideles à la Nation, à la Loi & au Roi? C'est une obéissance passive que cette Loi demande: le devoir l'ordonne, & votre propre intérêt l'éxige impérieusement. Cette Loi contrarie à la vérité des opinions accréditées, mais elle nous offre un point de ralliement devenu indispensable pour préserver de la destruction entière cette infortunée Colonie. Considérez l'état d'anarchie, d'épuisement & de subversion où ce pays est réduit; quelques jours encore, & sa ruine alloit infailli-

blement être confommée fans retour ; une réunion de tous les partis, franche, fincère, & telle
que la Loi la prefcrit, peut le fauver.

C'eft fur-tout votre civifme, votre générofité,
braves & loyaux Colons, que j'invoque, en ce
moment, au nom du meilleur des Rois, du plus
tendre des peres. Il vous invite, par ma voix,
à rendre la paix & le bonheur à cette malheu-
reufe contrée, par une foumiffion parfaite à la
Loi qui vous eft adreffée. Vous ne déchirerez pas
le cœur paternel de ce bon Roi en refufant de vous
rendre à fon invitation. Et fi votre fûreté perfonnelle, celle de vos femmes, de vos enfans,
de vos propriétés, vos intérêts les plus chers
enfin vous prefcrivent cette démarche, je fais
d'avance qu'un motif plus pur encore, qu'un
fentiment plus délicat de refpect & d'amour fuffit
pour vous y déterminer.

Et vous, Hommes de couleur & Negres libres,
que cette Loi reconnoît égaux aux Blancs en droits
politiques, vous vous montrerez dignes de jouir
de ce droit, par une exacte obéiffance aux Lois,
& vous n'oublierez jamais ce que doivent à leurs
peres, à leurs bienfaiteurs, des enfans fenfibles &
reconnoiffans !

Ainfi, de ce moment, qu'une réconciliation
loyale réuniffe tous les partis ; que toute hoftilité,
toute injure, toute menace, toutes voies irritantes
& inflammatoires ceffent ; que tout attroupement
formé fans les ordres des autorités conftitution-
nelles, & qui auroit un autre but que d'arrêter
ou faire ceffer la révolte des efclaves, fe fépare à
l'inftant même ; que chacun rentre paifiblement
dans fes foyers, ou fe rende dans les camps établis
pour la fûreté commune. Telles font les intentions

de L'assemblée nationale ; telles sont celles d'un roi , qui ne desire que le bonheur de tous les François, & tels sont les ordres que je vous adresse en leur nom, & en vertu des pouvoirs qui me sont confiés.

J'aime à croire que tous les habitans de cette colonie vont se ranger enfin sous les autorités légitimes. je me persuade que l'amour de la patrie excitera leur empressement à exécuter ce commandement, & leur fera dévancer, par un dévouement sans bornes à la loi, & par une réunion franche, spontanée, l'arrivée des commissaires civils, & celle de ces zélés patriotes, qui s'arrachant de leurs foyers, traversent les mers avec un courage héroïque, pour voler au secours de la colonie ; ensorte que toutes les forces nationales, rassemblées sous les mêmes drapeaux ; n'auront plus à être dirigées que contre l'ennemi commun, de manière à detruire, en peu de temps, jusqu'au moindre germe de la révolte , & que l'Assemblée Nationale & le Roi auront la satisfaction d'apprendre, que les mesures dictées par leur sagesse, pour le salut de ce pays, ont eu le succès qu'ils ont dû en attendre.

Mais, si par malheur il en étoit autrement, je dois prévenir que le bras de l'autorité va être sévèrement armé contre quiconque oseroit opposer ou susciter quelque empêchement à l'exécution légale qui m'est commise. Il m'est enjoint de l'annoncer. Je desire & j'espère, que je naurai pas la douleur d'être obligé d'employer, à ce sinistre usage, les forces dont le commandement m'est confié.

Au Cap, ce 29 Mai 1792.

Signé BLANCHELANDE.

Citoyens voilà près de six mois que je suis privé de ma liberté! en voila quatre que je passe enfermé dans les prisons. . . . . . de l'Abbaye! je n'ai point mérité ces traitemens humilians & rigoureux. Ce n'est point moi qu'il falloit charger de fers & livrer en criminel à la Justice, C'est l'Assemblée coloniale qui devoit fixer ses regards & qui mérite toute son animadversion. Ce sont les meneurs de cette Assemblée & les factieux qu'elle renfermoit dans son sein qu'on auroit du décréter d'accusation. Elle est la cause premiere, la cause principale de tous les maux de Saint-Domingue. Instituée pour amener avec sagesse la régénération de cette Colonie, par l'anéantissement des abus que le tems introduit dans toutes les institutions des hommes; appelée à remplir le plus saint des ministères, celui de préparer la Constitution qui pouvoit convenir davantage au caractère de ses habitans, à leurs intérêts présens & futurs; à pourvoir par des réglemens sages, aux besoins du moment, au lieu de tout bouleverser, sans s'occuper de rien remplacer, elle semble n'avoir mis d'importance qu'à usurper, dans cette section de la France, la même puissance, les mêmes droits, qui n'appartiennent qu'aux Représentans de la Nation entiere.

Elle a paralisé chaque partie de l'Administration en disposant directement des fonds publics; en tirant sans-cesse sur France.

Elle a supprimé les Etats-Majors des places dans le tems précisément où ces officiers auroient pu rendre à la Colonie, les plus signalés services.

Elle n'a jamais eu égard aux représentations que j'avois le droit de lui faire, & c'est sans succès que j'ai rempli ce devoir auprès d'elle.

Dans tous les tems je l'ai pressée, je l'ai solli-

citée verbalement & par écrit, de prononcer sur
l'état politique des hommes de Couleur & Nègres
libres. Si elle l'eût fait, comme elle en avoit le
droit, dès le mois de Septembre 1791, les hommes de Couleur, alors se fussent joints aux Blancs,
pour rétablir l'ordre parmi les Esclaves, & cette
réunion eût empêché les assassinats sans nombre,
qui ont été commis, & les malheurs, suites iné-
vitables de tant de crimes.

Qu'on lise le Journal de ses Séances ! On y
verra les débats & les motions les plus incendiai-
res contre tous les agens & les dépositaires de la
confiance & de l'autorité de la Métropole dans
la Colonie, contre les Commissaires nationaux
civils, dont elle a contrarié ou dirigé les opérations, & détruit l'autorité, touchant la mission
dont ils avoient été chargés en faveur des citoyens
libres de Couleur, contre l'Assemblée Nationale
Législative, dont elle a osé contester l'autorité, en
s'arrogeant ses pouvoirs dans plusieurs circonstances, enfin contre la France entiere, dont elle
auroit méconnu la souveraineté, si elle n'eût craint
sa puissance.

J'ai dû, citoyens, vous démontrer combien les
deux tenues d'une assemblée générale de la Colonie qui ont eu successivement lieu, s'étoient
rendues coupables. La premiere, connue sous le
nom d'Assemblée de Saint-Marc, est jugée depuis
long-tems dans l'opinion des personnes éclairées;
celle qui lui a succédé éprouve le même sort :
cela est juste & elle a dû s'y attendre. Accusée
d'avoir suivi l'impulsion de la premiere ou plutôt
des factieux qui l'ont subjuguée, & notamment
dans les rapports faits à la France, par ses Commissaires Mirbeck, Saint-Léger & Roume, les 26

Mai & 2 Juin 1792, & 29 Janvier dernier ; il suffit pour reconnoître si ces reproches sont mérités, de les comparer aux actes émanés d'elle. Cependant lorsqu'on accuse, même sur la foi de témoignages authentiques, il est consolant d'avoir à présenter quelques excuses,& c'est remplir un devoir sacré: je dois donc vous dire que l'une & l'autre Assemblée, & sur-tout la seconde, possédoient plusieurs hommes très-vertueux & beaucoup de bons citoyens, amis de l'ordre public & des loix, sans lesquelles il ne peut exister; j'éprouverois en vous les nommant, la plus douce satisfaction, mais je ne voudrois omettre le nom d'aucun d'eux, & le nombre en est si grand, qu'ils furent désignés par les factieux même, sous la qualification du *parti des amis de l'ordre.* Il eut quelquefois de grands succès ; il se flatta plus d'une fois, d'obtenir la prépondérance ; il tint constamment tête aux mal-intentionnés, aux agitateurs, aux ambitieux, & loin de se plaire au milieu des ruines de l'Edifice Social & des malheurs publics, comme il arrive à ceux qui y cherchent leur fortune ou leur élévation, il respecta toujours dans ses opinions, tout ce qui pouvoit servir d'obstacles aux désordres de l'anarchie. Si les efforts de ces hommes de bien furent infructueux, c'est que la sagesse & la vertu furent toujours en minorité sur la terre.

Mais c'est trop m'attacher à vous démontrer la cause de mon infortune présente : ma conscience ne me reproche rien ; la calomnie seule me poursuit. Ma vie privée comme ma conduite publique, repoussent toutes ses attaques. J'attends avec sécurité, des lumières de mes Juges, la justice dont leur intégrité me répond.

A PARIS, de l'Imprimerie de N. H. NYON, *rue Mignon.* 1793.